DÉMOCRATIE EN DANGER

COMMENT NOS CLIVAGES SONT AMPLIFIÉS POUR FRAGILISER NOTRE SOCIÉTÉ

bōld
label audacieux
par
AMPHORA

Relecture : Delphine Dubois, Servane Heudiard

Couverture : Julien Imbert

Photo de couverture : Thomas de LUZE - Unsplash

Typographies : La Réfractaire Antique - Julien Imbert
HK grotesk - Alfredo Marco Pradil

Mise en page : Alain Miskovic

Imprimé en Europe par : Sagrafic S. L.
Pasaje Carsi, n° 6 - 08025 Barcelona

978 249 228 411 3

DAVID MANISE

DÉMOCRATIE EN DANGER

COMMENT NOS CLIVAGES SONT AMPLIFIÉS POUR FRAGILISER NOTRE SOCIÉTÉ

bōld

Faille :

1 • Géologie

Fracture de l'écorce terrestre,
accompagnée du glissement
des parties séparées.

2 • Au figuré

Point faible, défaut.

(Petit Robert)

DÉMOCRATIE EN DANGER

Mise en garde

À défaut d'être objectif, puisque le sujet que j'aborde ici touche forcément à des réalités difficiles à mesurer, j'essaierai de mon mieux d'être honnête. Mes hypothèses, observations et propositions n'engagent que moi, et continuent d'évoluer. Aussi, j'espère que vous, lecteurs, prolongerez ou corrigerez mon humble réflexion.

Je n'ai pas la prétention d'avoir raison. En revanche, j'ai l'espoir d'avoir fait un effort correct de compréhension et d'arriver à vous faire part de mes réflexions d'une façon intéressante et stimulante, afin que vous meniez cet effort plus loin, et à votre manière.

Beaucoup de noms, lieux, dates et détails ont été modifiés ici pour préserver des confidences qui m'ont été faites et l'anonymat de certaines de mes sources. Je n'ai eu ni accès ni besoin d'avoir accès à des informations classifiées pour réaliser ce travail. Je précise qu'aucune de mes sources n'a trahi ses engagements envers l'État. Mais beaucoup de mes sources ne souhaitent pas pour autant être citées publiquement, pour diverses raisons professionnelles ou personnelles. J'ai privilégié, de fait, le sens des propos de leurs auteurs, et leur intention, et « flouté » un peu la forme et les détails pour des raisons de discrétion. Si cela doit décrédibiliser ce travail, je l'accepte de bonne grâce : la parole donnée est pour moi plus précieuse que le succès de ce livre.

DÉMOCRATIE EN DANGER

Avant-propos

Introduction

De formation, je suis anthropologue et journaliste. Dans les faits, je suis instructeur de survie, et formateur dans quelques autres domaines, dont le leadership. J'enseigne aux gens à mourir moins souvent, seuls ou en groupe, depuis un peu avant 2003, soit bientôt vingt ans au moment où j'écris ces lignes.

Loin des clichés sur les survivalistes[1], j'enseigne en réalité aux gens – randonneurs, trekkeurs, photographes, voyageurs, explorateurs et autres amateurs de nature – à s'adapter sereinement et efficacement à la complexité d'une situation d'urgence en milieu isolé, ou en cas de catastrophe localisée. J'enseigne aussi comment faire face aux incertitudes de ces milieux ou de ces situations par essence imprévisibles et chaotiques. Loin de vouloir créer une idéologie politique avec cet ensemble de compétences, je cherche avant tout à faire de la science, et à régler des problèmes concrets. Je refuse ainsi depuis toujours et catégoriquement l'étiquette « survivaliste », en rétorquant que je suis *survivologue*.

Or, les solutions de survie individuelles auxquelles je me suis d'abord intéressé se sont vite heurtées à des problématiques de survie en *groupe*. Comment peut s'organiser un petit groupe de randonneurs perdus ? Une équipe de tournage abandonnée par son fixeur en

1 • Le survivalisme est un mouvement, venu des USA, aux contours flous, qui fait de la préparation aux situations catastrophiques une posture éthique et, pour certains, politique. Le survivalisme a assez mauvaise presse depuis quelques années, étant donné les débordements de quelques individus se réclamant de cette mouvance. Dans les faits, ces débordements sont très rares, et la plupart des survivalistes sont des gens, finalement, qui se réapproprient simplement des compétences de base pour l'autonomie, ou qui cherchent à retrouver un sentiment de sécurité et de maîtrise de leur destinée, dans un monde incertain.

plein désert syrien ? Les habitants d'une vallée coupée du monde par un glissement de terrain, comme c'était le cas dans la vallée de la Roya il y a peu ?

J'aime énormément réfléchir à ces problématiques complexes, afin de déterminer quels leviers nous avons, dans ces moments chaotiques, pour réduire l'incertitude et survivre plus souvent. Les garanties, dans des moments aussi complexes, n'existent évidemment pas. Dirty Harry, incarné par Clint Eastwood, disait ainsi « *Si tu veux des garanties, achète un grille-pain.* » Mais même sans certitudes absolues, on peut tirer les probabilités de survie du bon côté. On peut le faire d'autant mieux si l'on comprend en profondeur les mécanismes humains à l'œuvre, et si on adopte une approche adaptée aux besoins du moment. Ou de l'époque.

Au fil des années, de mes expériences et de mes recherches historiques, j'ai été forcé de constater que la survie d'un groupe implique un grand nombre de facteurs interpersonnels. Ces derniers viennent complexifier encore davantage les situations d'urgence. Le groupe est à la fois une ressource et une contrainte. Et si, effectivement, on a de bien meilleures chances de survivre au sein d'un groupe où la coopération émerge, on ne peut pas en dire autant quand les gens entrent en conflit. Et donc, depuis une quinzaine d'années, outre les questions techniques et scientifiques relatives à la survie individuelle, je me suis passionné – anthropologie sociale oblige – pour les conditions qui déterminent l'émergence de la *coopération* au sein d'un groupe.

Et *a fortiori* d'un groupe sous stress.

« Spoiler alert » : la qualité du leadership – du sommet de l'État jusqu'au au simple citoyen – fait une différence énorme. J'en parlerai à la fin de cet ouvrage.

Sur un plan individuel, la psychologie et la physiologie nous disent depuis longtemps que les capacités des humains stressés changent profondément. Leurs capacités motrices fines sont affectées. Leur grande motricité augmente. Leur tension artérielle crève le plafond, et leur système immunitaire est mis en stase. Mais aussi, et surtout, les capacités cognitives des humains stressés n'ont rien à voir avec celles des humains sereins. Outre les phénomènes tels que le « flow[2] » qui m'ont passionné et n'ont pas fini de m'étonner, la plupart du temps, il faut admettre que, sous stress, nous devenons plus bêtes, moins ouverts d'esprit, davantage guidés par nos conditionnements et nos automatismes, moins capables d'innover... et moins capables de communiquer correctement avec nos congénères. Cela ne fait rien pour favoriser les nuances dans la réflexion commune et la coopération au sein d'un groupe, même petit. Alors que dire d'un grand groupe, comme un pays, où se trouvent des opinions, des intérêts et des points de vue très divers. Des sensibilités politiques variées. Des projets divergents. Des rancunes vieilles de parfois plusieurs siècles ?

Tout cela pose un défi réel.

---

2 • Lire à ce sujet l'excellent livre de Steven Kotler, que j'ai eu l'honneur de traduire, aux Éditions Amphora : *Les secrets de vos super-pouvoirs*. Je précise, afin d'éviter les soupçons, que j'ai déjà été payé pour cette traduction, et que je ne touche pas de droits supplémentaires sur les ventes ;)

Or, on constate de nos jours que les clivages, dissensions et conflits larvés deviennent de plus en plus prégnants dans nos sociétés. Si, statistiques obligent, nous vivons probablement une époque où la sécurité est à son paroxysme dans nos rues et dans nos villes, on sent malgré tout que les choses s'agitent, dans les consciences comme sur les réseaux sociaux.

Malgré toute la bonne volonté du monde, les humains stressés vont beaucoup plus facilement se positionner de manière clivante : « eux/nous ». Et la fabrication mentale, culturelle, politique d'un ennemi devient très facile, quitte à scinder un groupe et à créer des schismes. La crise sanitaire aura, malheureusement, été un laboratoire à ciel ouvert qui ne m'aura pas particulièrement donné tort. Et on voit, ici comme dans d'autres pays, que cette période stressante pour l'ensemble de la population aura révélé tout un tas de dysfonctionnements, qui ont été accentués par cette période d'incertitude et de réduction des libertés.

Depuis une vingtaine d'années, je fréquente par mes activités tout un tas de gens d'horizons très divers. Ma vocation m'a amené à travailler étroitement avec des centaines de personnes qui vivent la vie intensément, au cœur de l'action. Mon forum « Vie Sauvage et Survie » a aussi, depuis ses débuts et encore aujourd'hui, été le lieu d'échanges riches et intenses, mais surtout, il m'a permis de rencontrer – dans la vraie vie – des acteurs de nombreux secteurs : dirigeants de grosses boîtes de consulting, policiers et gendarmes, militants et idéalistes en tous genres, militaires allant de l'opérateur des forces spéciales à la retraite, en passant par l'analyste des services de renseignement de l'État, diplomate, civil coopté pour œuvrer clandestinement à l'étranger. Ces gens, sans trahir leurs engagements ou des secrets d'État, m'ont quand même fait suffisamment confiance pour me livrer leurs ressentis, leurs observations, les tendances observées au fil des années de leur carrière. Des heures et des heures entières, passées au coin du feu ou dans des cafés, à discuter avec ces personnes, m'auront souvent amené à un constat : elles sont plus ou moins toutes du même avis. Chacune dans son coin. D'un bout à l'autre du spectre politique, depuis tout en bas de la hiérarchie jusqu'aux sommets de l'État, pratiquement tout le monde est d'accord sur une chose : la France se morcelle. Les clivages se multiplient. Et les institutions vont plus mal qu'on n'ose l'avouer publiquement.

Les crises et les problèmes, au lieu de nous fédérer, amplifient les schismes et les dissensions déjà présents. Et les solutions aux problèmes deviennent des problèmes encore plus grands[3].

Or, il se trouve que – bien que belgo-canadien vivant en France depuis décembre 2000 – j'aime profondément la France. Et les Français.

Débarqué de l'avion avec un sac à dos et 47 dollars canadiens en poche, j'ai été accueilli à bras ouverts. Grâce, à l'époque, au RMI (et à des beaux-parents d'une bien-

3 • Je me dois ici de rendre à Boris Cyrulnik ce qui revient à Boris Cyrulnik. C'est en effet de lui que me provient cette magnifique explication de la dynamique systémique des dysfonctionnements.

veillance infinie), on m'a soigné, logé, nourri et traité avec respect. J'ai ensuite rapidement trouvé du travail, dans une startup lyonnaise, pour finalement créer mon école de survie, voyant que les open spaces me convenaient mieux quand il était question d'une vallée préalpine que de 300 m² de bureaux. Outre la diversité des paysages, l'histoire d'une richesse incroyable, les bons vins, les bons fromages et la gastronomie, j'ai surtout découvert en France une chose méconnue dans le monde : *l'incroyable bonne volonté et la richesse humaine de la plupart des Français eux-mêmes.*

Et donc oui. Étant étranger, il est probablement plus facile pour moi de le dire sans être taxé de chauvinisme, mais j'aime profondément la France et ses habitants. Et même si je suis loin d'être aveugle à ses dysfonctionnements, je reste partisan du projet social que constitue la République Française. « *Le pire des systèmes à l'exception de tous les autres* », pour paraphraser Churchill.

L'histoire – récente ou plus ancienne – me fait par ailleurs craindre un danger très concret. En effet, l'effritement de la cohésion au sein des pays est souvent un terreau très fertile pour plusieurs menaces. Les pays qui ont vu leurs populations se cliver d'une manière trop importante ont presque systématiquement été les victimes d'explosions de violence et de barbarie.

D'une part, ces violences ont pu venir de l'intérieur, perpétrées entre les groupes présents. Faut-il rappeler qu'en 1984, les Jeux olympiques d'hiver avaient lieu à Sarajevo ? ... et qu'en 1992, soit huit ans plus tard, la ville était en état de siège, et tout le pays le lieu de massacres et d'atrocités d'une violence indicible ?

Une autre menace étroitement liée aux dissensions est l'affaiblissement des capacités de défense. Faut-il rappeler que la Gaule, divisée par des querelles de clans, a été plus facilement dominée par les légions romaines, organisées de manière très cohésive, fédérées autour d'une organisation politique et symbolique forte ? Certes, les légions étaient des puissances techno-militaires indéniables, selon les critères de l'époque. Mais on peut affirmer, je pense, que César a également beaucoup favorisé et instrumentalisé les dissensions et les rivalités entre chefs gaulois, afin de morceler la résistance des Gaules. Cela lui aura permis de découper le problème stratégique auquel il faisait face en tranches plus faciles à gérer isolément. L'action fédératrice de Vercingétorix, à la fin du conflit, aura démontré que – soudés – les clans gaulois pouvaient remporter des batailles face aux légions. Peut-on imaginer que si, dès le début de la Guerre des Gaules, les clans gaulois avaient fait bloc, l'issue de ce conflit aurait pu être différente ?

Toutes les spéculations sont permises. Mais j'aime croire que les Gaules auraient été un problème de taille pour les légions romaines si elles avaient été en mesure de se fédérer rapidement, quitte à se disputer ensuite pour les honneurs et les mérites.

Personne n'étant à l'abri de la mécanique du déclin et de la décadence, la civilisation romaine a finalement été mise à mal – entre autres – par des dissensions intestines et des clivages divers. Ces clivages, avec lesquels elle n'a pas réussi à composer, auront affaibli suffisamment Rome pour qu'elle doive peu à peu céder sa place à des groupes davantage cohésifs et rustiques. Des groupes étonnamment innovants, agiles, et motivés par des préoccupations très pragmatiques, voire existentielles. Étant donné la complexité du sujet, mon opinion à l'emporte-pièce prête le flanc à la critique. Mon argument, ici, est surtout le suivant, et enfonce un peu les portes ouvertes : *le morcellement et les clivages ne favorisent pas la coopération ni l'organisation massive nécessaires pour la défense d'une civilisation, d'un empire… ni même d'un pays.*

Et donc ce livre est à la fois une déclaration d'amour à mon pays d'accueil, et une humble tentative d'attirer l'attention sur quelques tendances qui me font craindre les bégaiements de l'histoire. Car oui, en toute simplicité, j'aime profondément la France et les Français. Et je pense très prosaïquement que les querelles intestines auxquelles nous assistons aujourd'hui sont de nouveau une menace pour les capacités de défense de la Gaule. Sans parler de l'Europe ou de l'OTAN, qui sont tout un poème.

La crise des gilets jaunes en 2018, suivie de la crise sanitaire et de la multiplication des mèmes et discours clivants sur les réseaux sociaux, attirait déjà fortement mon attention. L'invasion du capitole, aux États-Unis, et l'analyse que j'en ai fait depuis mon canapé en France, aura été le moment déclencheur, pour moi, et le moment fondateur de ce projet de livre.

Comment se fait-il que les gens s'opposent si farouchement les uns aux autres ? Comment en sommes-nous arrivés là ? Et surtout comment les discours et opinions politiques en sont-ils venus à s'appuyer sur des conceptions de la réalité aussi différentes ?

De fil en aiguille, je me suis « amusé » à poser ce sujet comme une étude anthropologique, en étudiant ce phénomène de clivage profond entre des pans entiers de population aux États-Unis, puis en France. Ces clivages, je les ai surnommés des failles : failles tectoniques, failles entre socles de réalité. Failles dans les armures des démocraties. Exploitées, évidemment, de l'extérieur comme de l'intérieur, par tous ceux qui ont intérêt à ce que ces démocraties dysfonctionnent.

J'avais d'ailleurs proposé, en première intention, le titre « La faille », pour cet essai. Ce titre semblait trop peu significatif pour ceux qui n'auraient pas encore lu le livre. J'ai donc accepté de le changer, mais le concept reste utile, et j'y ferai régulièrement référence dans le texte.

DÉMOCRATIE EN DANGER

La fragmentation

Comment nous nous divisons

J'ai une sale habitude, intellectuellement parlant.

Cette habitude est tenace, parce qu'elle est extrêmement efficace pour comprendre ce qui se passe dans le monde, et en moi : avant de chercher à comprendre le « pourquoi » des choses, avant de chercher une intention ou un coupable, j'aime comprendre le « comment » des phénomènes. Comment, mécaniquement, ces choses en viennent à évoluer d'une manière ou d'une autre. Ce qui les favorise. Comment cela fonctionne concrètement. Quels sont les principes à l'œuvre.

Une fois que j'ai bien compris la mécanique, je peux attribuer (ou pas) des responsabilités. Mais surtout, cette compréhension me donne des leviers pour agir sur ces situations de manière beaucoup plus efficace. En comprenant « comment les choses fonctionnent », je peux agir dessus bien mieux que si je blâme simplement un responsable ou un coupable.

Et donc je pense que le monde se divise en deux catégories : ceux qui comprennent comment les choses fonctionnent, et ceux qui creusent.

Dans ce livre, j'applique le même raisonnement et cette même méthode. Je cherche à comprendre *comment* les clivages et les failles se fabriquent, et a minima sur quels mécanismes déjà présents s'appuient ceux qui souhaitent voir ces failles s'élargir. Quelles sont les caractéristiques culturelles, neurologiques, historiques, sociales, émotionnelles, groupales, qui contribuent à créer et à élargir ces failles. Cette compréhension de la mécanique sous-jacente m'amène évidemment à mieux comprendre les méthodes employées pour nous monter les uns contre les autres.

Et elles sont nombreuses.

Tout ce phénomène prend racine dans plusieurs choses. Et l'une des premières choses est, évidemment, le matériau de base qui cimente un groupe, une tribu, un clan, une société, une nation, etc. Ce « software », c'est ce que les anthropologues et ethnologues appellent « la culture ». Cette dernière est un peu le code source qui définit notre monde. Et donc je vais commencer par parler de la manière dont nos cultures sont un outil magnifique pour nous permettre de fonctionner et de coopérer ensemble... et aussi un système dans lequel on peut – comme en informatique – injecter des virus.

La bonne nouvelle, c'est que ceux-ci ne sont efficaces que si les cibles ne sont pas conscientes de leur mode de fonctionnement propre. Si elles ne voient pas leurs lignes de code. Et dès qu'elles les voient, elles voient également le code malveillant et peuvent tout simplement le rejeter.

Bienvenue dans la matrice...

La guerre pour le contrôle de la « réalité »

Depuis toujours, les civilisations humaines ont été constituées de groupes divers, avec des intérêts, des valeurs et des systèmes de pensée différents. Leur vision du monde et leurs « réalités » subjectives, de fait, sont extrêmement nombreuses et diversifiées.

On peut le tourner comme on veut : ce qui « fabrique » un groupe ou une tribu, depuis la nuit des temps, au-delà de la territorialité ou de la viande qu'on partage, ce sont les histoires que chaque groupe se raconte le soir, près du feu. Ce sont ses mythes, expliquant la création du monde. Ce sont les explications autour du réel et de l'être. Ce sont les manières dont ces groupes conçoivent l'univers. Ce sont les mots. Ce sont les histoires des héros. Ce sont les légendes qui les entourent. Aujourd'hui, ce sont aussi les romans, les films, les séries Netflix et les groupes Facebook. Ce sont toutes ces histoires et tous ces discours qui plantent les graines des systèmes de valeurs qui font de nous qui nous sommes, culturellement parlant.[4]

Évidemment, ces mythes et ces récits créent des camps. Ces mythes et ces visions du monde fabriquent un « eux » et un « nous » qui – ensuite – s'affrontent

4 • Pour les anglophones, un excellent ouvrage sur le sujet des mythes et de leur pouvoir : Joseph Campbell, *The Power of Myth.* Anchor Books. 1991 – Pour l'anecdote, j'ai un patch velcro sur lequel une citation (un peu déformée) sortie de ce livre dit « *All the gods, all the hells, all the heavens are within you.* »

malheureusement beaucoup plus facilement. Car ces systèmes de pensée sont tantôt complémentaires et capables de cohabiter, tantôt concurrents ou opposés.

Si la coopération à l'intérieur des groupes, de manière générale, a permis à l'humanité de devenir ce qu'elle est, la violence organisée *entre* les groupes a quand même été la norme depuis, a minima, le néolithique : en inventant l'agriculture, nous avons inventé le territoire et les stocks. Et nous avons donc créé des enjeux : capturer les récoltes d'un autre groupe permettait de se nourrir sans devoir rien cultiver. Mieux : capturer ses terres et asservir les gens qui les travaillaient permettait non seulement de manger une fois, mais aussi de se faire nourrir pendant un temps beaucoup plus long. L'apparition progressive d'une caste guerrière, spécialisée non plus dans la production de nourriture mais simplement dans le conflit, est alors devenue un gage de survie, de liberté ou de dominance pour chaque groupe.

Et depuis... nous nous battons.

Les groupes, les tribus, les ethnies, les systèmes religieux, les institutions politiques, nations, empires ont, que ça nous plaise ou pas, évolué sur ces bases très conflictuelles. Tous ces systèmes ont joué des coudes pour survivre et dominer depuis des millénaires. Parfois ces entités ont survécu en trouvant des solutions pour coopérer avec les autres, via le commerce ou des alliances militaires. Souvent, elles se sont simplement livré des guerres sans merci. Et il suffit d'ouvrir un livre d'histoire pour se rendre compte d'une chose simple et évidente : *l'histoire est violente.*

L'histoire humaine, outre toute la coopération dont nous parlons moins, est l'histoire d'une lutte sanglante et permanente pour l'accès aux ressources, pour le contrôle des territoires et des voies de circulation entre ces territoires. Pour le contrôle des routes menant aux ressources, etc.

Mais l'histoire humaine est également une lutte sans merci pour le contrôle des *esprits*. De l'information. Des idées. Des récits. Des mythes. Des religions et des clergés. Car ces récits, ces « mythes fondateurs », fabriquent les groupes. Ils créent leur identité et leurs valeurs. Ils créent leurs visions du monde. Ils servent de filtre à toute perception de la réalité. La leur, la mienne, la vôtre, la nôtre. Et ils définissent nos choix. Nos actes.

Si on observe ce qui s'est passé depuis l'antiquité, on constate que les civilisations qui ont le plus prospéré et qui ont dominé le monde étaient certes des puissances militaires et économiques, mais qu'elles ont d'abord été des puissances *symboliques* : elles avaient la capacité de générer et de diffuser des symboles forts, inspirants, fédérateurs, qui véhiculaient, comme encapsulés, leurs systèmes de valeurs. Et leurs codes de conduite.

Ces puissants systèmes culturels, donc, ont permis aux civilisations de créer et de préserver des références communes. De mettre en avant des valeurs et de les imposer, de les partager, et d'amener les peuples à y adhérer. De facto, ces valeurs communes sont venues servir de socle à la coopération bien réelle en leur sein : coopération pour produire, coopération pour créer, coopération pour soutenir l'effort de guerre. Coopération au combat pour tuer l'ennemi et vaincre, au nom de valeurs, au nom de cette morale qui, précisément, a été « installée » dans les esprits grâce aux récits, aux symboles et aux mythes.

L'anthropologie sociale[5], ici, est fort utile. Les outils dont elle dispose pour analyser la symbolique, les structures implicites et les systèmes de valeurs encapsulés dans les discours, sont précieux. Ils permettent de comprendre et d'anticiper le fonctionnement d'un groupe, qu'il soit petit, comme un petit groupe de contre-culture underground... ou grand, comme la civilisation romaine ou l'empire britannique. L'anthropologie sociale permet littéralement de lire dans les lignes de code de la culture. De voir sous le capot comment elle fonctionne.

Par exemple, beaucoup de Français, même s'ils sont athées on agnostiques, portent en eux des structures inconscientes, issues de la religion catholique. Et les codes moraux implicites véhiculés par l'Église il y a plusieurs siècles continuent de structurer la manière dont ils voient le monde et interagissent avec lui encore aujourd'hui. Si vous vous sentez coupable quand vous traînez un peu trop au lit, ne cherchez pas, ça vient de là. Et si vous êtes aussi attaché au bien et au mal, ou à la notion de vérité et de mensonge, ça vient probablement de là aussi. Et si vous avez le réflexe de chercher un

5 • L'anthropologie sociale est loin d'être la seule « discipline » qui permette d'étudier ces phénomènes, évidemment. L'ethnologie, la sociologique, la psychologie, la psycho-sociologie, et encore bien d'autres ont des outils comparables (et bien souvent des références communes).

coupable quand quelque chose ne va pas dans un projet ou dans un groupe, idem.

(Et non, rassurez-vous, le fait d'en avoir conscience ne vous oblige pas à changer d'avis sur la question.)

Les religions et les « mythes[6] » qu'elles véhiculent ont un réel pouvoir : celui de filtrer la réalité, de structurer la manière dont les gens perçoivent les choses. Et cette perception subjective est très difficile à remettre en question. Elle devient la paire de lunettes colorée que nous avons sur le nez sans même nous en rendre compte.

L'exemple classique des Inuits qui ont une vingtaine de mots pour la neige est très parlant. Ayant plus d'outils culturels pour décrire la neige, ils en ont une perception plus fine. Et dans le monde de la montagne, en Europe, un phénomène similaire existe. Si les citadins qui ne font pas de ski ont essentiellement le mot « neige » comme case mentale pour percevoir ce truc blanc qui tombe du ciel, les gens qui pratiquent la montagne ont au minimum dans leur vocabulaire les mots « neige », « soupe », « poudreuse », « plaques », etc. Et les férus de nivologie ajouteront évidemment des noms et des adjectifs : gobelets, fraîche, vieille, cohésive, lourde, etc.

Chaque ligne de code culturel modifie notre perception du monde. Et donc, chaque ligne de code modifie notre « réalité » ainsi que nos émotions, notre comportement,

6 • J'utilise ici, comme dans tout le livre, le mot « mythe » au sens anthropologique du terme : un récit ayant une forte portée symbolique et la capacité à modeler les structures inconscientes des groupes.

nos priorités, etc. Et finalement, tout ça devient un peu « qui nous sommes ».

Et comme il est question d'identité individuelle, d'identité de groupe, voire de perception de la réalité, cette paire de lunettes est âprement protégée et défendue. Surtout à partir du moment où elle est remise en cause par un « Autre » qui vient nous dire – implicitement ou explicitement – que nous avons tort. Que sa paire de lunettes à lui est la bonne. Face à cette remise en question de notre manière de concevoir le monde, même si elle est involontaire, nous devenons rapidement défensifs, voire hostiles et agressifs.

En général, face à un système culturel différent du nôtre, nous pensons de facto avoir raison. Détenir un peu la « vérité ». Nous avons tendance, par économie d'énergie, à préférer notre manière de faire et de penser à nous. Nous avons tous spontanément l'impression, étant habitués à fonctionner à l'intérieur d'un système donné, qu'il serait coûteux ou périlleux d'en changer. Et au contact d'un autre système de pensée, nous sommes rarement en mesure de voir ses avantages. Nous voyons beaucoup plus facilement ses inconvénients, réels ou supposés. Ce simple effort nécessaire pour remettre notre point de vue en question crée une peur plus ou moins consciente que l'Autre nous impose ses vues. Et réciproquement nous avons facilement tendance à nous adresser à lui en imposant implicitement notre point de vue à nous. Nos codes à nous. Notre paire de lunettes à nous. Et cela, en soi, crée un antagonisme « par défaut » qui demande énormément d'efforts pour être désamorcé. Et évidemment, si ces efforts ne sont pas réciproques, cela provoque un sentiment d'injustice et réactive la peur de se voir imposer le système de valeurs de l'Autre.

Tout cela est extrêmement complexe.

L'interculturalité est évidemment très enrichissante, parce qu'elle permet de partager des lignes de code utiles pour percevoir le monde plus finement. De mieux comprendre comment il fonctionne. D'avoir plus de diversités de points de vue pour résoudre des problèmes divers et variés. Mais l'interculturalité suppose des frictions et des remises en question permanentes (et réciproques). Et apprendre au contact des autres cultures est un effort bien réel que nous ne sommes pas toujours prêts à faire. Et quand nous ne faisons pas ces efforts, les frictions et les conflits, petits ou grands, augmentent. Et l'empathie diminue.

La manière la plus spontanée et la plus primaire de percevoir les « Autres », au sens général et depuis toujours, se résume en un mot : « barbares ». Pire, plus ces « Autres » ont des systèmes culturels éloignés de nous, moins ils semblent humains, quelque part dans les méandres primaires de notre esprit archaïque. Et si, aujourd'hui, nous faisons – c'est une triste tendance – moins de cas des guerres ou des génocides qui ont lieu sur le continent africain, par exemple, c'est bien souvent parce que – au fond de notre inconscient – ces humains qui s'affrontent ou sont victimes d'atrocités sont malheureusement rangés dans une catégorie mentale très éloignée de nous. Qui, aujourd'hui, en Europe, sait réellement combien de Congolais ont été assassinés depuis Léopold II ? Depuis vingt ans ? Depuis deux ans ?

Ces différents phénomènes d'empathie à géométrie variable ont malheureusement justifié – du point de vue des bourreaux, entendons-nous bien – des atrocités depuis toujours. C'est en tissant des liens, au contact de ces « Autres », que nous arrivons à voir les ressemblances entre nous, les choses qui nous unissent au-delà des différences de surface, et toutes les choses qui peuvent nous rapprocher.

L'empathie à géométrie variable est également mise en évidence quand il est question de tuer des êtres vivants pour les manger : la plupart des gens ont moins de scrupules à tuer un pissenlit qu'un poisson. Moins de scrupules à tuer un poisson qu'une poule. Moins de scrupules à tuer une poule qu'un lapin...

Le comble de l'horreur, dans notre culture, serait de tuer un autre humain pour le manger. C'est là un interdit absolu. C'est même le thème de films d'horreur, et la marque de la folie et de la barbarie pure pour nous. Pourtant, dans de nombreuses cultures, le cannibalisme est toléré, voire accepté et revendiqué. Dans certains cas, il peut même être une marque de respect et d'amour, et faire partie de certains rites funéraires. Ce cannibalisme est évidemment souvent un symbole de dominance, d'humiliation absolue d'un ennemi vaincu. Manger le corps de son ennemi le relègue alors au rang de gibier. C'est une manière symbolique de dire que cet ennemi n'était même pas digne d'être traité comme un humain. Et en le mangeant, c'est comme si on le tuait une deuxième fois, symboliquement cette fois : après avoir tué son corps, on efface son statut d'humain.

Toutes les armées du monde, sauf quelques exceptions très professionnelles, créent une distance morale avec l'ennemi en lui donnant des surnoms qui le déshumanisent. On justifie le fait de le tuer par sa barbarie, ses intentions néfastes et toutes les différences irréconciliables qu'on peut souligner. On l'éloigne de nous, dans nos catégories mentales. Et si on peut le tuer de loin, c'est également moins impliquant émotionnellement que si on le tue à courte distance.

Suivant cette logique, il a été plus facile, historiquement, de conquérir et d'asservir des pays « barbares » qu'un pays rempli de gens qui sont très proches de nous. Qui nous ressemblent. De gens proches de nous qui parlent la même langue, prient le même Dieu, et ont les mêmes interdits et les mêmes codes de conduite que nous. Moins un « Autre » est différent, plus nous aurons spontanément de l'empathie pour lui. Et inversement.

Prenons un exemple historique, relativement bien documenté pour illustrer cela. Partons aux Amériques, au XVIe siècle. Un Amérindien de la côte Est, traditionnellement, y grandit dans un groupe où les récits de création du monde sont très différents de ceux des Européens qu'il rencontrera à cette époque.

Pour l'Amérindien, un Créateur, un « père » dans le Ciel, crée une sorte de couple sacré avec la Terre, qui est « la mère ». Et toutes les créatures sont les enfants du Ciel et de la Terre. Ils ont tous un statut équivalent. Une âme ou un esprit. Une place. Droit au respect. Et l'harmonie, le respect de tous les êtres vivants est une préoccupation constante dans tous les actes de la vie. Évidemment, ce respect peut se traduire dans une certaine conflictualité, parfois. Mais la société amérindienne est globalement très peu hiérarchisée et extrêmement tolérante pour les différences individuelles. Dans ces sociétés très circulaires, les humains, au même titre que les animaux, appartiennent à la Terre. La « Terre Mère ». Les Amérindiens algonquiens de la côte Est, par ailleurs, sont essentiellement nomades ou semi-nomades, et ils ne pratiquent pas l'agriculture. Ils sont chasseurs, cueilleurs et pêcheurs. [7]

Dans la religion chrétienne et ses récits de création du monde, les choses sont évidemment très différentes. Dans la Genèse, c'est Dieu qui crée la terre, puis l'homme. Et d'une côte de ce premier homme (Adam), il crée ensuite la femme (Ève). Et la femme, par sa désobéissance (tentée par le serpent, elle mange le fruit défendu), fait bannir ce premier couple hors du jardin d'Éden. On comprend dès lors l'importance de l'obéissance dans le système de pensée qui est sous-jacent à la Genèse, et la responsabilité (et donc le pouvoir) de l'homme dans les erreurs de sa femme : si elle désobéit à Dieu, il est puni lui aussi. Dans l'Ancien Testament, on lit ensuite qu'Abraham reçoit de Dieu des mots qui viendront poser un rapport très clair entre la terre et

7 • Vous me pardonnerez, j'espère, le descriptif manquant de nuances, ici. Je vise moins l'exactitude ethnologique que la démonstration de l'impact des mythes fondateurs sur les comportements, dans le cas des Amérindiens comme dans le cas des Européens dont je parle juste après.

les hommes. Dieu, en récompense de la loyauté et de l'obéissance absolue d'Abraham, lui dit : « *Je te donnerai, et à tes descendants après toi, le pays que tu habites comme étranger, tout le pays de Canaan, en possession perpétuelle, et je serai leur Dieu.* »[8] Dans la Genèse, qui est le récit de création du monde des Chrétiens, c'est donc la moralité et l'obéissance à l'autorité divine qui rendent légitimes la possession de la terre et la souveraineté sur les autres (et notamment la femme) qui deviennent dès lors des subalternes. Par ailleurs, depuis Abraham, il est clairement énoncé que « la terre appartient à celui qui la travaille. » La hiérarchie est posée.

Avec ces deux images assez stéréotypées en tête, revenons en 1600 sur la côte Est du continent américain. Au vu de ces deux paradigmes incroyablement différents, il semble facile de comprendre que la culture amérindienne et la culture européenne aient eu du mal à se comprendre. Les Amérindiens ont notamment eu du mal à comprendre les enjeux de possession des territoires qui animaient les Européens. Cette notion de « posséder » la terre n'avait pas vraiment de sens pour eux. Et ils n'ont pas réellement compris ce à quoi ils s'engageaient en acceptant d'accueillir et d'aider ces géants barbus, arrivant par la mer.

8 • Genèse, 17:8.

De leur côté, les Européens – face à ces peuples païens et qui ne travaillaient pas la terre[9] – se sont considérés comme moralement supérieurs. Et donc légitimes dans leur élan de conquête des territoires et de subordination des autochtones. Fait important : ce sont ces récits religieux, culturels et moraux qui ont servi de socle à l'élaboration des lois, en Europe, dès le Moyen-Âge. Et ces lois ont défini les limites de l'action plus ou moins violente face aux Amérindiens ensuite. À titre d'exemple très concret, il a été question de colonisation assez « soft », par les Français, jusqu'à la conquête du Canada par les Anglais, en 1760. Puis de conquête militaire pure et simple, avec une attrition massive des populations amérindiennes par les Anglais, après le traité de Paris en 1763[10].

9 • Les groupes d'Amérindiens algonquiens de la côte Est de l'Amérique du Nord, qui ont été les premiers à être « découverts », étaient pour la plupart nomades ou semi-nomades, et vivaient essentiellement de la chasse, de la pêche et de la cueillette. L'été, ils se regroupaient autour de l'embouchure des principaux réseaux hydrographiques, près de la mer, et l'hiver, ils se dispersaient dans les terres pour chasser.

10 • Les Français, dont la loi garantissait des droits minimaux à tous les sujets de la Couronne, avaient des relations beaucoup plus égalitaires avec les autochtones que les Anglais au Canada. Dès lors qu'ils étaient baptisés et qu'ils reconnaissaient la souveraineté de la Couronne Française, les Amérindiens jouissaient – aux yeux des autorités coloniales françaises – des mêmes droits que les Français de sang. Du moins en théorie. Les mariages entre Français et Amérindiens étaient fréquents. Le commerce se faisait sur une base relativement égalitaire. Et bien que l'Évangélisation soit la norme, les colons français ont également massivement adopté les techniques et certains mots de vocabulaire amérindien.
Du côté anglais, le droit du sang s'appliquait : seuls les descendants de sujets anglais pouvaient devenir à leur tour des sujets. Le statut légal des autochtones (pratiquement assimilés à du gibier), pour la loi anglaise, a permis le pire du XVIIIe au XIXe siècle. Certains historiens amérindiens comme Daniel N. Paul parlent de réductions démographiques de l'ordre de 98 % dans certaines régions sous contrôle anglais. On voit ici encore l'incroyable influence des catégories mentales sur ce qui est autorisé et sur ce qui ne l'est pas.
Pour plus de détails : http://www.danielnpaul.com.

La suite fait partie de l'histoire. Et ici aussi, l'histoire est violente.

Comment ces idées, cette vision d'eux-mêmes et du monde ont-elles été semées dans la tête des Anglais de l'époque ? On peut émettre l'hypothèse que des segments de récits bibliques, sélectionnés et mis en avant par l'Église et récupérés par la noblesse anglaise, ont structuré la pensée des explorateurs et colons anglais. Cette grille de lecture du réel – en bonne partie abrahamique – a largement déterminé leurs comportements et leurs rapports avec les autres groupes culturels.

On peut évidemment débattre un long moment sur les détails de l'histoire et questionner mes hypothèses, mais un fait reste, je pense, assez têtu : le message de Jésus et des premiers chrétiens a été largement déformé et instrumentalisé au fil des siècles, partant de Rome et des premiers empereurs chrétiens, passant par la noblesse européenne et la papauté, jusqu'à être récupéré par les Couronnes anglaises, pour finalement subordonner des continents entiers, en colonisant et en pillant les ressources au nom de Dieu, de la Couronne et de la supériorité morale des sujets anglais.

En structurant sur la durée la perception du réel d'une population, ses émotions et son sens moral, celui qui contrôle le récit contrôle, de manière sous-jacente et insidieuse, tout le reste. La religion, les mythes et les récits sont ici trois manières classiques d'influencer le code source de la « matrice ».

Et cela fonctionne très, très bien.

Cela fonctionne d'autant mieux si, en plus de maîtriser le récit, on maîtrise les moyens de diffusion de ces récits.

La guerre des supports

La diffusion des récits et du « code source » de la matrice est évidemment un facteur clé, si on veut structurer la réalité pour beaucoup de gens.

Reprenons l'exemple de la religion chrétienne, pour illustrer le principe.

À l'époque des premiers chrétiens, l'histoire et la parole de Jésus étaient portées par quelques disciples, qui racontaient oralement leur vécu propre, leur expérience personnelle au contact du maître. Les premiers Évangiles ont ainsi été écrits à cette époque et reproduits dans une grande discrétion. N'oublions pas les persécutions dont ces premiers chrétiens fasaient l'objet de la part – entre autres – des Romains de l'époque, qui n'avaient pas encore embrassé le christianisme. Ces premiers chrétiens étaient dans les faits une petite secte « underground », qui devait sa survie à la fois à sa discrétion et à son courage de transmettre son message malgré le danger de mort qui planait.

Dans les décennies et les siècles suivants, la chrétienté est peu à peu sortie de la clandestinité, et puis un saut quantique a eu lieu à partir du moment où elle a été utilisée comme instrument politique par Constantin et, surtout, ses successeurs.

Au Moyen-Âge, les bibles, copiées à la main, étaient réservées à une élite, du fait de leur valeur inestimable. Elles ont ainsi circulé dans des milieux très restreints. D'ailleurs, à cette époque, beaucoup de gens ne savaient simplement pas lire. Aussi la diffusion plus large de la Parole du Christ restait sous le contrôle total des membres du clergé, via la messe. Et la traduction comme l'interprétation de ces paroles, évidemment, étaient leur chasse gardée. Jusque très récemment dans l'histoire, la messe a d'ailleurs été dite en latin, ce qui réservait la compréhension et l'interprétation du texte biblique à peu de personnes. Bref, on contrôlait le récit.

Mais ça, c'était avant.

Les choses ont basculé au XVIe siècle. Grâce aux caractères mobiles, sur presse, perfectionnés par Gutenberg, les mots, les livres et les idées se sont peu à peu libérés de l'emprise du Clergé en Europe. Et le protestantisme – rendant notamment accessible le texte biblique à chacun dans sa langue – a vu sa diffusion largement facilitée par l'utilisation massive de l'imprimerie[11]. La lecture s'est ensuite peu à peu démocratisée. Et dès lors, les rapports de force entre le Clergé, la noblesse et le peuple ont commencé à se modifier. Le pouvoir sur les idées – et donc sur les esprits – a entamé sa descente des étages de la pyramide sociale. A atteint petit à petit des strates de moins en moins élevées de la société. Et, l'œuf ou la poule, la société a été de plus en plus lettrée.

11 • Les thèses de Luther, placardées sur la porte de l'église de Wittenberg, le 31 octobre 1517, et qui dénonçaient les indulgences achetées par les nobles à l'Église, ont d'ailleurs été massivement diffusées via l'impression à caractères mobiles.

Rendant accessible à plus de gens la diffusion des mots, Gutenberg aura facilité la libération de la pensée, ouvert la voie au protestantisme, et sans aucun doute facilité l'essor intellectuel de la Renaissance. Des changements sociaux profonds se sont ensuivis. Non sans quelques effusions de sang. Puisque, vous l'avez compris, l'histoire est violente.

Les médias écrits, comme les livres et journaux, ont commencé à être diffusés de plus en plus largement. En 1800, tous les gens aisés savaient lire, possédaient des bibliothèques et échangeaient des idées par l'entremise de journaux ou de débats épistolaires.

Peu de temps après, dans les années 1860 puis 1950, d'autres sauts techniques facilitant encore la diffusion des idées ont eu lieu : le télégraphe, puis la radio, et enfin la télévision ont émergé. Ces moyens massifs de diffusion restaient réservés à une élite financière. Un ouvrier n'avait pas la même capacité de diffuser ses opinions que le patron d'un journal, d'une chaîne de télé ou d'un studio hollywoodien.

Mais ça aussi, c'était avant.

En effet, Internet est venu complètement chambouler les rapports de force dans le contrôle de l'information. D'une société centralisée, où une poignée de personnes peuvent structurer et contrôler les messages diffusés aux populations, nous sommes passés à une ère où absolument tout le monde, avec un smartphone et un peu de temps libre, peut diffuser des perles de sagesse, les résultats de ses recherches scientifiques... ou des vidéos de son chat.

S'il était relativement aisé, jusque dans les années 1990, d'imposer un narratif commun à un pays entier si on avait assez de pouvoir médiatique, les choses ont évidemment complètement changé avec Internet. Cela offre l'avantage de permettre plus de liberté d'expression et – en théorie – d'enrichir énormément le débat public. Dans les faits, la qualité des contenus diffusés varie, les capacités de débat constructif aussi. Et il semble que les modèles de leadership centralisés de nos pays, adaptés à un mode de communication descendante avec la population, devraient être réévalués à l'aune des modifications sociales profondes qu'ont apporté les nouvelles technologies de communication : aujourd'hui, les gens peuvent très facilement partager leur mécontentement avec le monde entier, se fédérer et créer des mouvements de contestation majeurs en quelques jours. Et ils le font essentiellement pour être entendus. Pris en compte. Considérés. Je pense qu'il est temps que les gouvernements acceptent cette nouvelle réalité et l'intègrent dans le processus démocratique : le peuple a désormais le pouvoir de s'exprimer. Les décideurs doivent, en toute logique, adapter leur capacité à écouter, s'ils ne veulent pas donner l'impression de simplement faire la sourde oreille aux revendications sociales, comme aux idées innovantes qui cherchent le bien commun. Nous en reparlerons plus loin.

La difficulté de gagner la paix

Depuis l'Antiquité, si on analyse les guerres et les conquêtes d'un point de vue anthropologique, on se rend compte que la plus grande difficulté est rencontrée non pas pendant le conflit mais bien *après* la victoire militaire. Elle réside non pas dans le fait de gagner la guerre, mais bien dans le fait de « gagner la paix ».

« Gagner la paix » consiste à réussir la tâche extrêmement complexe et ardue d'obtenir la confiance des populations dans les institutions et l'organisation politique imposées de l'extérieur dans un pays, après un conflit. À l'inverse, briser cette confiance entre la population et un pouvoir dominant revient à lui voler la paix, parfois sans même devoir faire la guerre.

L'exemple récent des forces de la coalition en Irak donne un aperçu de cela : deux victoires militaires et une victoire stratégique majeure (la chute du régime baasiste) n'ont pas suffi à gagner la paix, faute d'une stratégie cohérente pour assurer l'ordre et préserver la confiance des populations ensuite.

Sans un socle solide et éprouvé de confiance dans les institutions politiques de transition, les populations d'un pays conquis sont dans l'expectative. Avant de se mouiller, les gens, prudents, attendent de voir si l'occupant sera réellement capable de structurer la vie de la cité et d'exercer le pouvoir qui compte le plus pour les populations : celui d'une dominance tactique et stratégique suffisante pour assurer le maintien de l'ordre dans la durée. La victoire militaire doit, de fait, s'accompagner d'une capacité d'imposer durablement la sécurité et la stabilité, ET d'une capacité structurante de faire accepter et adopter massivement un narratif cohésif. Ces deux facteurs sont nécessaires pour stabiliser la situation, gagner la confiance des populations et créer des cercles vertueux. En l'absence d'un seul de ces deux facteurs (sécurité et discours cohésifs crédibles et audibles), la confiance est impossible. Dès lors, les récits/narratifs divergents surgissent, et la société se fissure. Des oppositions symboliques et des discours alternatifs émergent. Et autour de ces narratifs se structure une opposition plus concrète, allant potentiellement jusqu'à l'insurrection et la lutte armée.

Dans le cas de l'Irak, les motivations de l'administration Bush à reprendre le Koweit et à envahir l'Irak, en 1991, ont très rapidement été remises en question par la communauté internationale et bien évidemment aussi par les Irakiens eux-mêmes. On se souvient également de l'incroyable campagne de propagande pro-guerre et de tout le battage médiatique de l'époque, autour des armes de destruction massive, des incubateurs, des programmes nucléaires, entre autres, qui ont permis de lancer la deuxième guerre du Golfe, douze ans plus tard. Beaucoup de choses très incohérentes et peu crédibles. Beaucoup de justifications forgées. Beaucoup, en somme, de « bullshit ».

Bien évidemment, Saddam Hussein étant particulièrement imprévisible et sadique, il aurait pu devenir une menace très concrète pour la stabilité de la région et du monde. Malgré ces évidences, Washington semble avoir eu recours à bon nombre de subterfuges et de mensonges qui ont été autant d'erreurs stratégiques énormes, et qui ont coûté cher par la suite à la légitimité de la guerre. Ces mensonges et la campagne de désinformation de l'époque (visant sans doute à justifier l'action militaire en Irak en 2003, sur un plan légal et devant l'ONU) ont profondément divisé l'opinion américaine comme l'opinion internationale. Et ces mensonges ont semé un doute suffisant pour que la légitimité de l'action militaire de la coalition en Irak soit largement remise en cause. Ces doutes ont été instrumentalisés très rapidement, et dans les années qui ont suivi, les Islamistes radicaux (et de nombreux anciens cadres du régime Baasiste n'ayant pas été intégrés dans les efforts de reconstruction de l'Irak après la deuxième guerre du Golfe) s'en sont saisis pour asseoir leur récit contre les « croisés ». Ce dernier, à la fois suffisamment crédible et fédérateur, a peu à peu créé des mouvements d'opposition énormes, jusqu'à l'émergence d'Al Qaïda en Irak, de l'État Islamique, etc. avec les résultats que l'on connaît.

En clair, la coalition a gagné deux guerres, mais elle n'a pas réussi à gagner la paix. Et ce sont des divergences culturelles, symboliques et des erreurs de communication qui ont, semble-t-il, le plus nui à l'instauration de cette paix en Irak (que beaucoup d'Irakiens, évidemment, souhaitaient et souhaitent probablement encore).

Le fait que l'opinion américaine ait été aussi profondément divisée face à ce conflit et aux suivants n'a bien sûr pas facilité l'effort de guerre, ni la capacité des Américains à accepter de voir des soldats revenir vers leurs familles dans des cercueils. Et à peine plus de deux décennies après « Desert Storm », Donald Trump a été élu sur la base d'une promesse électorale simple : ramener les « boys » à la maison. Trente ans de guerre au Moyen-Orient auront, finalement, contribué largement à motiver les Islamistes encore davantage. Et aujourd'hui le constat est assez triste : l'Islam radical, loin de s'atrophier devant la menace militaire, est victorieux en Afghanistan, reste extrêmement présent en Irak, Syrie, au Sahel... et préoccupe beaucoup de services spécialisés en Europe comme aux États-Unis et au Canada.

« On ne peut pas tuer une idée », peut-on entendre dans le film *V pour Vendetta*. Il semble évident que tous les morts, tous les blessés et tous les trillions de dollars d'effort de guerre investis n'aient pas été suffisants, dans ce cas-ci, en tout cas. L'occident sait gagner des batailles et des guerres, certes, mais il lui faudra encore convaincre et fédérer. Et proposer des alternatives viables à la radicalisation, qui puissent satisfaire les populations visées par le recrutement islamiste qui, évidemment, profite des dysfonctionnements de nos sociétés, sur les décombres des pays en guerre, de la misère sociale et des failles déjà présentes, pour embrigader. Les liens entre le mal-être, la pauvreté matérielle comme intellectuelle, la délinquance et la radicalisation ne sont plus à démontrer.

Les humains, quand ils sont stressés, ont malheureusement un comportement très prévisible. Et ce comportement n'est pas un terreau très fertile à la paix ni à la modération.

Les groupes d'Homo sapiens sous stress

Comme je le disais dans mon avant-propos, je suis instructeur de survie. Depuis une vingtaine d'années, j'emmène des groupes apprendre à « mourir moins souvent » en milieu sauvage. Au-delà des techniques simples, qui vont de la lecture de carte à l'allumage d'un feu sous la pluie, je regroupe souvent les stagiaires en sous-groupes pour les amener à coopérer pour survivre à une nuit sans sac de couchage. L'anthropologue curieux en moi a ainsi pu observer, très régulièrement, dans des groupes d'humains face à des mises en situation – objectivement sûres, mais subjectivement stressantes et inconfortables – plusieurs tendances claires. Celles-ci sont, en elles-mêmes, riches d'enseignements. Et même si un groupe de douze personnes n'a rien à voir, en termes d'échelle, avec un pays ou une fédération comme l'Union européenne, ces principes correctement posés sont – je le crois – transposables de manière fractale (autosimilarité) à certains fonctionnements de grands ensembles de population.

Dans le concret, que ce soit dans une association de quartier, à la table de négociations d'un gros contrat entre multinationales, ou au conseil de défense d'un pays lors d'une pandémie mondiale, on reste en présence de petits groupes d'humains – souvent fatigués et stressés – qui doivent coopérer pour prendre des décisions et faire face à des enjeux importants, avec beaucoup d'incertitude, d'inconfort, le tout dans un environnement complexe (et donc imprévisible), et avec une pression énorme.

Je pense que la bonne compréhension du fonctionnement des groupes humains stressés est un incontournable si on souhaite trouver des solutions pour l'avenir incertain qui nous attend.

Les gens font ce qu'ils ont déjà fait.

Robert Cialdini[12], psychologue social aux États-Unis et auteur d'ouvrages sur l'influence et la manipulation, souligne (entre autres) l'importance de l'auto-cohérence dans les choix de comportement des humains. Les gens, soucieux de projeter une image cohérente d'eux-mêmes et de limiter la dissonance cognitive ressentie lorsqu'ils changent de comportement ou d'opinion, ont – selon Cialdini – tendance à réaffirmer leurs positionnements antérieurs, même quand le contexte change.

Ces positionnements, plus ils sont répétés souvent et plus ils sont affirmés publiquement, acquièrent ainsi une grande force d'inertie : on ne les change que difficilement. Et il apparaît plus facile d'amener une personne à changer d'opinion sur un sujet en la poussant à modifier simplement son comportement que d'espérer que l'inverse fonctionne. Autrement dit, les actes que nous posons ont une influence plus grande sur nos

12 • Robert B. Cialdini, Influence et manipulation : l'art de la persuasion, Éditions Pocket.

opinions et réflexions que nous voulons bien le croire. Il est, au final, plus facile pour un humain de changer d'opinion pour se mettre en cohérence avec ses actes que de changer d'actes pour se mettre en cohérence avec ses opinions.

Depuis des lustres, toutes les armées du monde ont bien compris une chose : pour qu'un humain ait, sous stress, le comportement qu'on attend de lui, il faut lui faire faire, refaire, refaire encore, et refaire encore encore les gestes en question. Le faire s'engager, par l'action concrète, dans un schéma de comportement qui l'amène ensuite à adopter un schéma de pensée, de valeurs et d'opinions compatibles avec le métier de soldat.

Cette méthode, qu'on nomme affectueusement du « drill », permet de mettre en place des réseaux de neurones et des patterns neuromusculaires prédominants, qui s'exprimeront spontanément, faute d'une solution mieux réfléchie ou plus créative. Et cela permet également de faciliter l'adhésion individuelle aux valeurs communes. L'individu reproduira ensuite les comportements attendus, y compris dans un contexte différent.

D'ailleurs, bon nombre d'anciens militaires ont du mal à réintégrer la vie civile de manière harmonieuse à cause de cela. Entourés de gens ne partageant pas les valeurs présentes dans les groupes militaires, ils dérangent souvent et sont heurtés par le laxisme, le manque de cohésion et d'organisation des civils. Certains le vivent bien et s'adaptent. D'autres moins. Mais une chose est certaine : il n'est jamais anodin de quitter une institution aussi structurante, où l'engagement est puissant, et de réintégrer une vie plus ordinaire ensuite. De fait, bon nombre d'anciens militaires se trouvent, dans la vie civile, une cause à défendre, un projet d'envergure à mener (en préférant très souvent coopérer avec d'autres anciens militaires), etc.

Pour illustrer différemment le principe d'engagement et d'auto-cohérence, ainsi que les conditionnements qui vont avec, on observe que les randonneurs égarés, en milieu naturel, une fois qu'ils réalisent qu'ils se sont perdus, se mettent à *marcher*. De leur côté, les photographes animaliers ou les chasseurs, surtout ceux qui chassent à l'affût, se posent et attendent qu'on vienne à eux. Et les alpinistes et autres grimpeurs chercheront souvent à grimper à un arbre pour voir s'ils ne peuvent pas trouver un point de repère invisible depuis le sol.[13]

Tous, à peu de choses près, font ce qu'ils ont l'habitude de faire dans le contexte où ils se trouvent. Les randonneurs marchent. Les grimpeurs grimpent. Les photographes et les chasseurs attendent et observent. Et plus le niveau de stress augmente, et moins ils arrivent à sortir de ces comportements ancrés en profondeur, par la pratique longue, dans leur système nerveux et leur système de valeurs. Et sous stress, nous devenons aisément un train de marchandises lancé sur un rail mental. Une inertie immense. Une capacité

13 • À ce sujet, mon compatriote Kenneth Hill, docteur en psychologie, très actif dans le monde de la recherche et sauvetage dans son coin de pays, a fait des études statistiques fort intéressantes sur le comportement des personnes égarées : https://www.researchgate.net/publication/305044517_The_Psychology_of_Lost.

extrêmement limitée à changer de plan. Les schémas de comportement, tant de fois répétés et ancrés, étant du domaine du connu, rassurent les humains stressés. Ils semblent même s'imposer à nous comme des solutions efficaces. Ils nous donnent l'impression de réduire la marge d'incertitude inhérente à une situation. De ce fait, ils agissent comme des mécanismes de compensation, bien souvent, et limitent le stress... même s'ils aggravent parfois les situations.

Le confinement, imposé en mars 2020 par le gouvernement, a d'ailleurs été très difficile à vivre pour beaucoup de gens qui ont dû supporter à la fois une situation anxiogène, mâtinée d'incertitude, et l'impossibilité de pratiquer leurs activités habituelles pour gérer ce stress.

Le niveau de stress lié au confinement a été très bien documenté, entre autres, par l'équipe du projet « Covadapt[14] » de Christian Clot. Décrochages scolaires massifs, dépressions, morbidités diverses, et signes évidents de stress en tous genres : changements d'humeur, modification du sommeil, de l'appétit, du poids corporel, etc. Outre l'aspect subi de ce confinement et le stress important qu'il a généré, avec de vrais impacts psychologiques et sociaux sur la population, j'émets l'hypothèse que beaucoup de mécanismes de compensation habituels et d'exutoires (salles de sport, bistrots, loisirs, etc.) n'étant plus accessibles, cela a lourdement pesé sur le moral des populations. Les gens, stressés,

14 • https://adaptation-institute.com/resultats-covadapt/

n'ont pas pu « faire ce qu'ils avaient l'habitude de faire » et ont dû, à la fois, subir ce stress et tenter de mettre en place avec créativité de nouvelles habitudes de comportement. C'était beaucoup demander.

Le plus frappant, c'est que le déconfinement a été une nouvelle source importante de stress pour beaucoup. À peine installés dans de nouveaux patterns de comportement et de compensation, beaucoup ont dû retourner au travail sans pour autant avoir encore accès aux bistrots, salles de sport et autres lieux de culture et de loisir. L'incertitude financière, le spectre d'un reconfinement, les discours complotistes, la véhémence de certains groupes sur les réseaux sociaux, et quelques maladresses de communication de la part des instances officielles ont jeté de l'huile sur le feu, et semé le doute dans l'esprit de nombreux Français. Et au sortir du premier confinement, la population a touché un paroxysme de stress assez phénoménal. Pire que le confinement, le déconfinement a été extrêmement stressant pour les gens.

Il est malheureusement assez aisé de prédire le comportement des gens stressés : ils feront, bien souvent, ce qu'ils font déjà en temps normal. Probablement juste un peu plus fort : ceux qui doutent douteront. Ceux qui dominent domineront. Ceux qui cherchent un coupable en trouveront un. Et ceux qui ont l'habitude de se responsabiliser continueront.

Dans ce genre de contexte, pendant la crise sanitaire, les chercheurs ont cherché. Les décideurs ont décidé. Les lobbies ont fait valoir leurs projets et leurs intérêts.

Les râleurs ont râlé. Bref, tout le monde s'est concentré très fort sur ce qu'il savait déjà faire. Et l'une des leçons à tirer de la crise sanitaire, à mon avis, est simplissime : on a pu voir, pendant cette crise, le fonctionnement réel des gens, un peu partout. Tout cela ouvre, à mon humble avis, des pistes utiles pour l'éducation et l'enseignement dans les prochaines années.

Face au stress, les humains se regroupent.

Le stress, la peur, l'angoisse favorisent la solidarité. Rebecca Solnit, dans son livre *A Paradise Built in Hell*[15] (Penguin Books) décrit, s'appuyant sur de nombreux évènements historiques et une multitude de témoignages, la manière dont les humains, face à une catastrophe, se mettent à créer de la solidarité et des liens très forts. Cette fraternité devant l'adversité semble être une constante pour la majorité de la population, et ce partout dans le monde. Et même si une petite partie des gens profite plutôt de ce genre de parenthèses dans la normalité pour régler leurs comptes, racketter ou commettre des crimes, ils sont vraiment très, très minoritaires. Et ils sont typiquement ceux qui – avant la catastrophe – avaient déjà une attitude antisociale.

Malgré la difficulté et les drames personnels rencontrés lors de grands séismes, d'inondations, d'incendies majeurs, le souvenir qu'ont les gens de ces moments

15 • Littéralement « Un paradis construit en enfer ».

est généralement très positif. Et bien souvent, le sens profond de solidarité humaine et le ressenti de groupe extrêmement puissant et réconfortant de ces moments laissent par la suite un grand vide et un sentiment de nostalgie chez les gens qui l'ont vécu.

Sebastian Junger, dans son livre « Tribu » (Éditions Les belles lettres) parle aussi très bien de ce sentiment d'appartenance très fort qui se crée au sein des petits groupes d'humains exposés ensemble au danger ou à des situations difficiles. Il explique par là une grande partie de la difficulté de réinsertion des vétérans dans le monde civil : au combat, avec ses frères d'armes, un militaire vit des moments parfois d'une violence extrême, mais aussi une solidarité et une fraternité impossibles à retrouver dans la « vraie vie » ensuite. Et tous ceux qui ont goûté à ces moments extrêmes en groupe peuvent témoigner des liens puissants qui restent à jamais présents dans l'esprit et la chair de chacun. Une fraternité et une intensité dont il faut faire le deuil, par la suite. Ce « nous » qui se crée dans ce genre de moment devient une entité presque sacrée.

Même si l'intensité vécue est sans commune mesure avec une catastrophe ou avec la guerre, en stage de survie, j'ai pu constater ce genre de phénomène de très nombreuses fois. Dans nos stages, même avancés (avec peu de matériel, peu de nourriture et peu de confort), les groupes sont beaucoup plus soudés quand la météo est mauvaise que quand il fait beau. Et les moments les plus forts, humainement, dont j'ai été témoin en près de vingt ans à organiser ces stages, ont eu lieu sous une pluie froide et ignoble, où subitement plus personne n'est avocat d'affaire, consultant ou maçon. Subitement, tout le monde est juste trempé et misérable. Or, la pluie semble toujours moins froide et moins ignoble quand on la subit à plusieurs. Et la gorgée de boisson chaude offerte – sans un seul mot – près d'un feu qui peine à chauffer à 3 heures 30 du matin a une valeur toute particulière dans ces moments.

Le fait de se serrer les coudes face à des problèmes concrets est probablement ce qui nous caractérise le mieux en tant qu'espèce. De faire face, ensemble, à des problèmes de survie. Pas étonnant, dans nos sociétés si individualistes où les problèmes sont souvent très abstraits et symboliques, et où la survie est rarement un problème, que les gens aillent si mal. Aussi paradoxal que cela puisse paraître, nous avons besoin d'adversité concrète pour nous fédérer, grandir, évoluer et nous sentir bien. Et si aujourd'hui la survie, en tant que discipline, est si populaire auprès des gens qui ont des vies confortables, c'est probablement en partie pour cette raison. Un stage de survie nous permet de nous reconnecter, en petits groupes d'humains sympathiques, à notre biotope originel. Et de nous retrouver près d'un feu avec nos semblables. Le soir, lors des stages, où chacun tire de son sac un bout de viande séchée ou un sachet de soupe, est toujours un moment fort humainement. Et cette reconnexion va bien au-delà de la croyance qu'il pourrait arriver quelque chose contre lequel on devrait se prémunir : elle nous met simplement dans le contexte où nous avons évolué en tant qu'espèce, et nous le reconnaissons intuitivement.

Pendant le premier confinement, on a ainsi pu assister à de vrais élans de solidarité. Les gens ont cherché à se regrouper, même virtuellement. Ont cherché la sécurité dans le groupe et le soutien des autres. Ces regroupements ont souvent été très bénéfiques, et ont limité le stress de certains. Mais il a évidemment été un facilitateur de clivages important.

En effet, dans cette situation et face à toute l'incertitude ressentie par les populations, les différents groupes d'opinion, sensibilités et organisations, se sont fortement densifiés et ont resserré les rangs. Cela a créé une multitude de sous-groupes très cohésifs et très impliqués émotionnellement. Et cette tendance naturelle au regroupement – sévèrement contrariée par le confinement qui a été un facteur d'isolement physique évident – s'est énormément exprimée par l'entremise des réseaux sociaux. Pendant le premier confinement, le temps passé sur les réseaux sociaux a plus que doublé[16].

Et sur ces réseaux, une véritable guerre d'opinion a éclaté… et on a commencé à désigner des coupables.

L'ennemi commun fédère les gens… même s'il fait partie du groupe.

Au Japon féodal, les clans et les seigneurs se battaient pratiquement sans arrêt entre eux. Dès lors que les

16 • https://siecledigital.fr/2020/03/27/avec-le-confinement-lutilisation-des-reseaux-sociaux-augmente-de-61/

Chinois débarquaient avec un espoir de conquête, tous s'unissaient contre l'envahisseur pour ensuite reprendre leurs querelles internes pratiquement où elles en étaient. Et profitant de cet élan très humain de se fédérer face à un adversaire, quand mes enfants, petits, se disputaient pour un jouet, je le leur confisquais. Immédiatement, ils étaient unis de nouveau : dans la lutte contre mon injustice. Et de là, on pouvait discuter sans que leur antagonisme ne soit un obstacle. Reparler des règles, du partage, et des solutions à trouver ensemble.

L'ennemi commun, s'il est extérieur au groupe, est désigné très facilement de par son antagonisme. Mais, en l'absence d'un leader crédible, un groupe peut aussi très bien choisir l'un de ses membres et en faire un élément fédérateur. Je me souviens, en stage de survie, d'un individu qui avait réussi à se mettre à dos tout un groupe. J'avais, ce weekend-là, regroupé les stagiaires en équipes de quatre, de manière à ce qu'ils s'entraident pour couper du bois, monter un abri et entretenir leur feu toute la nuit sans risquer l'incendie. Cette méthode, où trois dorment pendant qu'un quatrième veille, permet à chacun d'avoir une nuit potable. Et aussi de faire l'expérience de la confiance des trois autres. Cette pratique est souvent extrêmement riche et forte humainement : on se retrouve à quatre, unis face à la nuit froide, et chacun est indispensable et doit faire confiance à trois personnes qui étaient de parfaits inconnus quelques heures plus tôt.

Or, ce jour-là, un des quatre de cette équipe avait décidé qu'il préférait profiter du soleil et du beau temps de l'après-midi. Prétextant aller chercher du bois un peu plus loin, il s'était simplement éclipsé. Le soleil de septembre était plutôt chaud. Tout le monde transpirait et travaillait d'arrache-pied à couper du bois mort et à fabriquer des abris, pour pouvoir espérer passer la nuit sans devoir utiliser son sac de couchage, qui était là en sécurité. Comme il était absent depuis un long moment, un des membres de son équipe est venu me voir et m'a dit commencer à s'inquiéter. J'ai appelé, et appelé plus fort. J'ai essayé de lui téléphoner. Rien. Aucune réponse. Je me suis donc inquiété aussi, et nous nous sommes tous mis à sa recherche. Tout le groupe, donc, a interrompu son travail – le stage a littéralement été mis entre parenthèses – et est parti chercher « Stéphane » (c'est un pseudonyme). Organisant une battue avec les autres stagiaires, je me voyais déjà appeler les pompiers, après avoir retrouvé un blessé grave ou un mort. Bref, personne n'en menait très large, d'autant que le Stéphane en question était assez pataud.

Nous avons finalement retrouvé notre homme – en slip – allongé dans une clairière, au soleil. Il avait décidé de se faire bronzer un peu, et s'était endormi paisiblement. À notre arrivée, il a affiché un air surpris. Quand ses coéquipiers lui ont demandé ce qu'il faisait là, il a tenté de jouer la carte de la flatterie, en disant « vous vous en sortiez tellement bien, je me suis dit que vous pourriez vous passer de moi un moment. » De manière unanime, les trois ont dit presque en chœur : « on pourra aussi se passer de toi pour la nuit, du coup. » Il a d'abord voulu s'offusquer et faire valoir ses droits de profiter du stage, mais les autres ont coupé court. N'ayant pas contribué à la construction de l'abri ni à la récolte du bois de chauffage, il avait menti au groupe et comptait profiter de leur travail, ce qui était totalement inacceptable pour eux. À la limite, s'il s'était excusé et avait fait acte de bonne volonté en se mettant à couper beaucoup de bois, ça aurait pu passer. Mais là, c'était difficile.

Devant la colère du groupe, contenue et polie, mais par ailleurs assez palpable, Stéphane a cédé, fort intelligemment. Il s'est excusé, finalement, et a annoncé qu'il dormirait dans sa tente, et dans son sac de couchage, le soir.

Ce que j'ai pu observer, du coup, ensuite, m'a laissé assez pantois. Les deux autres groupes de quatre ont spontanément suggéré de partager leur bois avec les trois restants, lésés, du groupe de Stéphane. Solidarité immédiate. Le trio a refusé poliment, arguant que ça n'était pas aux huit autres de faire les frais du comportement de Stéphane. Et la proposition suivante, tout aussi spontanée, a été de les accueillir tous les trois dans les abris des deux équipes complètes.

« D'accord, mais à condition qu'on amène le bois qu'on a déjà coupé en échange. »

Banco.

Tout le monde était subitement content de trouver une solution de coopération qui convienne à chacun. Les choses se sont organisées ensuite d'une manière incroyablement fluide. Les abris ont été remaniés, les tours de garde pour le feu réorganisés, le bois des trois compères redistribué. Et finalement, de trois groupes de quatre, on est passé à deux groupes : un de cinq et un de six, avec des abris légèrement plus grands, et de véritables feux de joie au milieu. Et ils n'ont pas arrêté de circuler d'un abri à l'autre, de se rendre visite, de se partager quelques noix ou un bout de fromage trouvé au fond d'un sac.

Resté en retrait et en observation, j'ai rarement entendu des équipes de stagiaires autant rire et s'amuser autour d'un feu, le soir, en stage. L'ambiance est toujours très bonne, mais cette fois-là c'était particulièrement chaleureux. Ils avaient peu à manger, de l'eau plate, un feu ouvert en guise de chauffage et des bouts de bâche en plastique en guise d'abris, mais ils ont passé une excellente soirée. Et Stéphane a mangé son repas lyophilisé tout seul dans sa tente. Un peu penaud, mais essentiellement honteux et se sentant profondément seul.

J'ai passé un moment à discuter avec lui, mais il m'a rapidement dit qu'il souhaitait dormir, et s'est enfoncé dans sa tente, comme si elle était devenue une cellule de prison.

Il a assisté aux modules de formation du lendemain, mais c'était fini pour lui : il était devenu le bouc émissaire. L'ennemi commun qu'on tire d'un groupe pour le fédérer. Celui qui est banni. Personne ne lui a fait aucun mal, évidemment. Il a juste été ignoré par pratiquement tout le groupe et est resté dans son coin bien sagement.

Au débrief, j'ai pris un temps pour expliquer la dynamique de groupe que j'avais observée, et souligner l'inconfort de Stéphane par la suite, qui s'était senti littéralement banni, etc. Ce dernier, ému, a d'ailleurs présenté une nouvelle fois ses excuses au groupe et remercié tout le monde d'une prise de conscience profonde pour lui : il s'était rendu compte des raisons de ses difficultés dans beaucoup des groupes qu'il fréquentait, admettant qu'il avait un côté profiteur dont il n'avait pas eu conscience jusque-là. Et plusieurs mois après, j'ai eu de ses nouvelles, très positives : il me remerciait pour cette expérience qui avait été dure sur le moment, mais très bénéfique pour ses relations par la suite. Il avait changé d'attitude et s'était fait plein de bons copains.

En France, un système incroyablement intelligent a été mis en place, culturellement, pour préserver l'intégrité des groupes en cas de crise. Ce trait culturel assez unique semble provenir de la culture gauloise, mais j'aurais du mal à le démontrer. Le chef, en France, a une place très délicate. S'il fait un travail impeccable, au service du groupe, il est respecté, et on lui accorde beaucoup d'honneurs (surtout après son départ, il faut le dire). Dans le cas contraire, les dissensions internes se reportent sur lui : le chef devient le bouc émissaire. Il cristallise toutes les tensions.

La finesse de ce système culturel est double : d'une part elle limite l'apparition de boucs émissaires au sein des groupes, mais surtout elle fait porter la responsabilité de la cohésion du groupe sur celui qui est mandaté pour la faire émerger : le chef. Les choses s'auto-organisent pour que le chef – même malgré lui – soit l'instrument de la cohésion.

Nous reparlerons plus loin du rôle des « chefs » dans la mise en place de la coopération.

Dans les petits groupes et en situation d'urgence, des clivages peuvent rapidement émerger : en l'absence de leadership ou d'ennemi commun, des divergences d'opinions apparaissent très vite, et le débat tourne souvent court, laissant la place à un schisme net : chaque partie du groupe, représentée par un leader ou un porte-parole, convaincu d'avoir moins tort que l'autre, tente de s'en sortir à sa manière. Et plus l'urgence d'agir se fait sentir, plus ce processus est rapide.

À titre d'exemple, le récit d'un groupe d'amis partis randonner qui, faute de certitudes sur l'itinéraire à prendre en montagne – et dans un cadre relativement exposé et dangereux, en hiver – se sont rapidement et brutalement séparés en deux groupes. Un bon tiers prenant un itinéraire et le reste, un autre. Pour l'anecdote, le premier groupe avait les toiles de tente, et l'autre groupe les arceaux et les sardines, ce qui n'a facilité le bivouac d'aucun des deux sous-groupes.

Ce qui est surtout intéressant dans l'histoire, c'est que chacun des deux groupes s'est rapidement fabriqué un ennemi commun : l'autre groupe. Et ce faisant, chacun des deux groupes s'est retrouvé fortement soudé. Instantanément. Les antagonismes ont perduré par la suite, chacun accusant l'autre groupe de les avoir lâchés, etc. Bien évidemment, les deux sous-groupes ont continué à faire des sorties en montagne par la suite, chacun de son côté, et gardent encore aujourd'hui des relations d'amitié fortes.

En l'absence d'un récit commun, les gens stressés cherchent frénétiquement à donner du sens à ce qui se passe.

Parmi mes nombreuses activités, je forme parfois des étudiants, humanitaires, journalistes et autres futurs « expats » à la sécurité dans les pays instables. L'un des thèmes de ces formations, basées sur des scénarios, est l'incertitude et le manque d'informations utilisables. Dans l'un de ces scénarios, je donne pour consigne à un groupe de s'organiser pour dormir et vivre dans un bâtiment d'une friche industrielle. Le scénario est assez classique :

« *Vous êtes arrivés dans le cadre d'un accord avec le gouvernement A, et jusque-là, vous étiez les bienvenus, mais après un coup d'État, c'est le gouvernement B qui s'installe en force, et nous n'êtes plus du tout les bienvenus : vous devez vous planquer un moment pour pouvoir ensuite partir.* »

Après une journée de formation à la sécurité, aux procédures pour prendre un couvert ou sortir d'un véhicule pris à partie, ils ont en général déjà vécu quelques émotions fortes, ils sont dans un environnement un peu stressant, inconfortable, et les imaginations s'emballent vite.

De là, avec une équipe de faux méchants, nous commençons à semer le doute dans leur esprit, progressivement. Nous faisons du bruit, simulons des combats – à grands renforts de gros pétards et de fumigènes – à proximité de leur planque, etc. Ne sachant pas ce qui se passe, ils se mettent à essayer de comprendre, veulent observer, commettent des erreurs, etc. La fatigue, le petit stress et le groupe aidant, leurs têtes se transforment bientôt en usines à spéculations et à hypothèses, ce qui ajoute d'autant plus à leur incertitude sur la marche à suivre.

Nous insérons ensuite petit à petit des lignes dans le scénario. Nous leur faisons jouer les contacts avec leur ambassade, les négociations pour être évacués, les délais parfois interminables d'attente.

Après quelques heures à semer le doute ainsi, donc, et à les laisser s'imaginer des choses, nous injectons un personnage dans le jeu : quelqu'un – par exemple un faux journaliste – vient frapper à leur porte et demander de l'aide. Ce faux journaliste a sur lui des objets suspects : un couteau d'entraînement en plastique, ou un pistolet airsoft. Des faux billets. Etc. En général, les stagiaires suspicieux lui posent des questions, le mettent à part. Certains vont jusqu'à le menotter, le mettre sous surveillance, le fouiller, lui confisquer son téléphone. Ces précautions, dans un tel contexte, peuvent potentiellement se comprendre, mais elles débordent en général largement des consignes. Continuant d'augmenter la pression psychologique par l'entremise d'injections d'informations dans le scénario, nous semons le doute, et les gens commencent à s'inventer des récits explicatifs qui partent dans tous les sens.

Nuit blanche assurée.

Cette phase – classique en l'absence d'informations claires et de leadership désigné – est surnommée chez nous la phase « Bronx ». Chacun y va de son hypothèse, contredit celle de l'autre, émet des opinions, et les esprits s'échauffent souvent très vite. En l'absence d'informations fiables, chacun spécule, analyse dans le vide, et essaie de trouver du sens aux évènements. L'incertitude, dans ces moments, est extrêmement inconfortable : face à un danger inconnu qui se déploie de manière incertaine, l'esprit humain s'emballe et cherche à anticiper. Mais faute d'informations, il ne peut que spéculer et « remplir les cases » avec son imagination, ce qui donne lieu à des joutes verbales parfois spectaculaires et pousse les gens à l'erreur. Et – sans spoiler – nous veillons à ce que chaque erreur flagrante soit immédiatement coûteuse : ils s'aventurent dehors ? Ils se font tirer dessus (à l'airsoft évidemment, et avec toutes les précautions de sécurité), et leur bâtiment est pris d'assaut. Ils font du bruit ? On voit de la lumière depuis l'extérieur ? Un groupe de méchants vient inspecter, rôder, leur mettre encore plus la pression. Etc.

Cette phase est le moment où les dysfonctionnements déjà présents dans les groupes se révèlent d'une manière presque caricaturale. Et cela nous permet de travailler sur ces dysfonctionnements ensuite.

(Pour la petite histoire, au milieu de la nuit, le groupe se fait généralement évacuer par un binôme issu des forces spéciales qui vient à leur rescousse, les fait marcher dans le noir absolu, en silence. Le groupe se fait ensuite tirer dessus à l'airsoft par les « méchants », il y a des fausses grenades, des fumigènes, des bruits stressants, etc.)

À l'issue de ces stages, ce qui ressort systématiquement des débriefings est toujours assez similaire. On y parle d'incertitude. Et on redit la même chose :

« C'était presque moins inquiétant de se faire tirer dessus que de ne pas savoir quoi faire, parce qu'on ignorait ce qui allait nous tomber dessus. Au moins quand on se faisait tirer dessus, on savait quoi faire. »

Et tout cela devient le lieu d'une seconde phase de la formation, où au final, nous parlons de leadership et de gestion des groupes sous stress. En utilisant l'expérience de la nuit pour ancrer les notions très efficacement. Et les retours sont unanimes : après nos stages, ils ont une première couche d'expérience qui les aide énormément à reconnaître les moments d'incertitude et à vivre avec, éviter les erreurs, élaborer des plans utilisables malgré cette incertitude et une situation volatile, changeante, etc.

Parce que oui, le rôle d'un bon chef, dans ces moments, est de réduire l'incertitude autant qu'il le peut, en trouvant des solutions pragmatiques qui fonctionneront au moins un peu. Qui mettront des chances du bon côté. Mais en l'absence de chef, le récit explicatif le plus crédible ou le plus fédérateur l'emporte en général au sein du groupe (ou d'une partie du groupe qui fera sécession). Et celui qui propose des solutions pragmatiques pour faire face à l'hypothèse retenue devient de facto leader du groupe.

La perte de confiance actuelle d'une partie significative des populations dans leurs institutions crée ainsi une incertitude et un « vide » qui est évidemment rempli par tout autant de narratifs divers et variés qui poussent les gens vers un sécessionnisme ou un désengagement qui me semblent inquiétants pour l'avenir de nos démocraties.

Dès lors qu'un objectif commun est posé, on délaisse les « pourquoi » et se focalise sur le « comment ».

Dès lors qu'un objectif commun est posé par le leader, le groupe voit ses incertitudes diminuer et se focalise sur les solutions pragmatiques et leur réalisation. Chaque membre de ce groupe, alors, annihile son angoisse en ayant subitement le sentiment de retrouver du pouvoir sur sa destinée. Le mot anglais « empowerment », qui ne trouve pas d'équivalent satisfaisant en français, vient ici à l'esprit. Les individus du groupe reprennent collectivement du pouvoir sur leur avenir en se responsabilisant et en commençant à agir. On comprend dès lors que, d'une part, le vrai élément fédérateur d'un groupe n'est pas une personne, mais bien un objectif commun et un plan d'action.

Celui-ci focalise l'attention et l'énergie du groupe vers les solutions. Cela a un effet apaisant, et les effets néfastes du stress sur le groupe s'atténuent. Chaque petite victoire, chaque petit marqueur qui indique que le groupe atteint ses objectifs, permet en outre de créer de la confiance et encore plus de solidarité dans le groupe, et les effets positifs du leadership créent ainsi un cercle vertueux assez rapidement.

Au fur et à mesure que l'engagement de chacun augmente dans les actions du groupe, comme on l'a vu plus haut, les opinions et les pensées s'ajustent d'elles-mêmes pour réduire les dissonances cognitives qui pourraient demeurer. Et, dans un groupe sain, si des questions ou des préoccupations émergent, il est en outre possible d'en discuter de manière constructive : la coopération devient alors robuste et plus pérenne.

C'est par l'engagement et l'action que les humains arrivent à se fédérer le mieux : faire ensemble.

Nous discuterons en deuxième partie de l'importance énorme que revêt la présence d'une vision à long terme et d'une stratégie lisible pour fédérer les bonnes volontés dans les groupes, petits ou grands.

Briser la paix sans combattre

Une fois qu'on sait comment fonctionnent les humains stressés, une fois qu'on comprend l'importance de la confiance, des symboles et des divers éléments fédérateurs dans les groupes, quoi de plus facile que d'affaiblir la tribu ennemie en la divisant ? Quoi de plus facile que d'utiliser ces fonctionnements instinctifs des individus et des groupes pour en tirer profit, diviser leurs forces et saper leur cohésion ?

Sun Tzu en parlait déjà il y a plus de 2500 ans. L'idée n'est donc pas réellement nouvelle. Ce stratagème est vieux comme le monde. Et si les enfants, dans les cours de récréation, arrivent à le faire, on peut imaginer que les États le peuvent aussi. Et avec des moyens énormes.

Pour parler seulement de l'histoire récente, au sortir de la Seconde Guerre mondiale, les moyens de créer la dissension sont déjà légion. Que ce soit par l'entremise de la diplomatie, des médias, des tracts, des livres, des produits de consommation, des menaces et des promesses, les méthodes varient mais les objectifs demeurent : affaiblir l'adversaire. Le diviser. Le ralentir. Le démotiver. Le faire douter du bien-fondé même de ses actions. Lui faire peur. Le faire douter de ses chefs ou de son voisin.

Des manuels désormais déclassifiés de la CIA évoquent des méthodes de sabotage « soft » des organisations – et notamment en France après la libération – par le simple fait de ralentir les processus de décision.

De complexifier inutilement les choses. D'engluer les actions. En mettant en place une « culture d'entreprise », un mode de fonctionnement laborieux et des relations conflictuelles en interne, ces méthodes ont posé les bases de la caricature du fonctionnement des administrations (et même de certaines entreprises) dans l'Hexagone.

Le KGB, de son côté, ne se prive évidemment pas d'utiliser des moyens similaires. Il emploie, pendant la Guerre Froide, des milliers d'agents pour ce genre de travail de sape en permanence. De nombreuses campagnes de désinformation, visant à semer le doute et la défiance dans tous les pays capitalistes du monde, sont largement déployées[17]. Les opérations de « fake news » commencent dès les années 1950 sur une échelle difficile à concevoir. Elles consistent, déjà à l'époque, essentiellement à répandre des rumeurs impliquant un groupe, afin de créer la consternation, des réactions émotionnelles fortes, et voir les uns condamner l'action des autres.

Parmi les campagnes de désinformation du KGB, ensuite devenu FSB, qui ont réellement marqué les esprits, vous pouvez retrouver bon nombre de thèmes encore bien présents dans les théories du complot. À commencer par l'idée de complot elle-même, probablement.

L'histoire du virus du sida provenant de laboratoires militaires américains ? → KGB

---

17 • *Operation InfeKtion: How Russia Perfected the Art of War | NYT Opinion* – https://m.youtube.com/watch?v=tR_6dibpDfo

Le vol MH17 de la Malaysian Airlines abattu par un missile ? → FSB

Les USA derrière l'émergence du virus Ébola via un autre de leurs labos ? → FSB

Les USA ayant créé des moustiques génétiquement modifiés pour favoriser la diffusion du virus Zika → FSB

La déclaration de la Reine Elizabeth prévenant le monde d'une Troisième Guerre mondiale en 2017 ? → FSB

Black Lives Matter ? Les Antifa ? Les différents activistes aux USA ? QAnon ? Les nuits debout ? Les gilets jaunes ?

Évidemment, les Russes – s'ils ont été pionniers dans ce domaine – ne sont pas les seuls à faire ce genre d'opérations. Les États-Unis ne semblent pas s'en priver non plus. Et plusieurs autres acteurs aujourd'hui reprennent peu ou prou ce genre de méthodes.

Partout où des dysfonctionnements ou des failles sont présents dans nos pays, divers services qui ont intérêt à les alimenter viennent jeter de l'huile sur le feu. De l'huile ou du napalm. Et ils le font très très bien. Ils l'ont fait à l'époque de la radio et des journaux papier avec, déjà, beaucoup de succès.

Mais ça, on l'a déjà dit, c'était avant.

Depuis Internet, les capacités de nuisance des agences de désinformation étatiques, qui utilisaient déjà les dissensions et la rumeur pour semer le trouble dans le camp adverse, ont ainsi vu leur travail être largement facilité. Ce travail est souvent repris, amplifié, déformé et rediffusé massivement par divers groupes d'opinion... et par une multitude d'individus croyant bien faire. Les réseaux sociaux sont désormais un terreau extrêmement favorable pour tous ces services.

Si, dans les années 1980, une « fake news » touchait 100 000 personnes et nécessitait des mois de travail assidu et de nombreux déplacements à l'étranger, aujourd'hui, en quelques clics, un troll professionnel basé à l'étranger (et souvent dans un pays différent de celui de son commanditaire) peut lancer, par l'entremise de « bots », des dizaines de milliers de posts sur les réseaux sociaux, dans le monde entier et en plusieurs langues, et toucher des *millions* de personnes en quelques minutes. La production de mèmes dans le but de créer des dissensions est en outre largement automatisée, via des intelligences artificielles de plus en plus performantes. Et les populations visées font le reste : elles reprennent les thèmes qui les offusquent le plus et alimentent ces sujets en créant souvent elles-mêmes des groupes, des mèmes, des posts, des mouvements.

À l'heure où j'écris ces lignes, nous sous-estimons largement l'impact que ces efforts de désinformation ont eu et continuent d'avoir sur notre vision du monde, nos opinions, nos choix électoraux, nos engagements, voire nos choix de vie. Et beaucoup d'entre nous sont nés dans un monde où cette désinformation était déjà fortement présente. Tellement présente que nous n'en avons simplement pas conscience.

La France, l'un des piliers de l'Union européenne, est évidemment dans le collimateur des efforts dissensifs de la Russie depuis *très* longtemps. Ralentir l'unification de l'Europe d'un point de vue économique et politique est un enjeu majeur pour la Russie et pour la Chine. Mais aussi pour les États-Unis et bien d'autres encore. Empêcher que l'Europe se structure d'un point de vue militaire est une préoccupation majeure également. Et si l'OTAN bat de l'aile depuis ces dernières décennies, c'est probablement en partie dû aux efforts de division menés de longue date autant qu'aux divergences d'intérêts qui y sont présentes.

En France, comme ailleurs, les clivages, dissensions et conflits larvés sont instrumentalisés. Et la crise sanitaire aura évidemment été du pain béni pour tous ceux qui souhaitent nous diviser encore plus.

La méthode est toujours la même : identifier une faille ou un conflit larvé, bien réel, dans un pays, et l'exploiter. À fond. Jeter de l'huile sur le feu, et laisser les gens se déchirer d'eux-mêmes.

L'immense tour de force qu'ils ont apparemment réussi, c'est de modifier dans la profondeur notre culture, notre code source : aujourd'hui, une proportion élevée des populations occidentales a une confiance plus que limitée dans ses institutions politiques. Et si cette défiance est évidemment fondée sur des erreurs bien réelles, le moins qu'on puisse dire c'est que chacune de ces erreurs aura été méthodiquement et systématiquement utilisée pour abîmer au maximum le tissu social, et créer des failles profondes entre les États et les peuples... mais aussi entre les différentes tendances et groupes d'opinion au sein même des populations.

Aujourd'hui, « la faille » fait partie de notre identité même.

Trolls professionnels

Fin 2019, avant l'élection présidentielle états-unienne, dix-neuf des vingt plus gros groupes chrétiens sur Facebook, et dix des quinze plus gros groupes Facebook ciblant les communautés dites « African American » étaient gérés par des usines à trolls[18] basées en Macédoine, notamment. Le *MIT Technology Review*, qui a eu vent de l'information, considère, dans un article de septembre 2021[19], la possibilité que ces usines à trolls aient été commanditées par des services étrangers. Un mois avant l'élection présidentielle, ces trolls et leurs mèmes touchaient 140 millions d'Américains par mois. Vous avez bien lu. 140 millions, soit plus d'un tiers de la population du pays. Profitant du fonctionnement de l'algorithme Facebook et de ses règles de mise en avant des contenus, ces trolls ont littéralement envahi les réseaux. Beaucoup des contenus produits par ces trolls étaient évidemment clivants et dissensifs, discréditant le gouvernement Obama, son parti, ses successeurs, ses prédécesseurs, ses politiques, les lobbies, etc. Exploitant massivement les clivages, ou

18 • « Usine à trolls », ou « ferme à trolls » : lieu où l'on utilise de manière professionnelle et massive des techniques de désinformation et de « trolling » visant à semer le trouble, la dissension et les clivages au sein d'une communauté en ligne, d'un groupe d'appartenance, etc.

19 • https://www.technologyreview.com/2021/09/16/1035851/facebook-troll-farms-report-us-2020-election/

des sujets ayant potentiellement un fond de vérité, ces trolls professionnels ont utilisé l'indignation populaire et des valeurs très prégnantes au sein des groupes en question pour mobiliser l'émotionnel des gens et les pousser à partager ces informations de manière virale.

En face, dans les groupes rassemblant les communautés « afro-américaines », ce genre de tactique a eu également des résultats très lourds, et a probablement permis de démultiplier un antagonisme déjà présent envers l'État et notamment les forces de l'ordre. Profitant de l'actualité tragique[20] et du mouvement Black Lives Matter, il a été relativement facile d'échauffer les esprits.

La France étant, elle aussi, victime de campagnes « hybrides » du même ordre, dans les médias et sur les réseaux, et ce depuis des années. Un service entier est même dédié à ce problème depuis juillet 2021 : VIGINUM[21].

Ce dernier est un service placé sous l'autorité du Secrétaire général de la défense et de la sécurité nationale (SGDSN). Il a pour mission de détecter et de caractériser des campagnes de manipulation de l'information orchestrées par des acteurs étrangers sur les plateformes numériques en « source ouverte » : réseaux sociaux, sites Internet, etc. dans le but de nuire à la France et à ses intérêts. En détectant tôt ce genre de

20 • Je fais référence ici évidemment au décès de George Floyd, suite à son arrestation.

21 • https://fr.wikipedia.org/wiki/Viginum

manœuvres, VIGINUM les caractérise (mode opératoire, construction narrative, origine, etc.) et transmet ensuite ses analyses techniques à différents autres services compétents de l'État qui décident de la marche à suivre, qu'elle soit légale, diplomatique ou autre.

Le cadre légal qui délimite le champ d'action de ce genre de service est évidemment une contrainte tactique majeure. S'interdisant toute ingérence dans le débat public et la liberté de pensée et d'expression de ses citoyens, l'État français lutte à armes très inégales avec des pays moins scrupuleux en matière de droits. Et ce cadre légal est un handicap important, pour les services français, face à des trolls professionnels, voire à des « bots » qui génèrent des contenus artificiels et les diffusent à très grande échelle, parfois en ayant recours à des intelligences artificielles qui rédigent des textes et les répandent bien plus rapidement que ce qu'un humain peut lire.

Les plateformes de réseaux sociaux, en outre, bien que reconnaissant partiellement leur inaction face à ce genre de contenus artificiels, se contentent d'appliquer les lois en vigueur dans les pays où elles sont installées. On peut imaginer que les contenus dissensifs, générant énormément de trafic sur ces réseaux, contribuent au moins partiellement à leur réussite financière, et que ces plateformes n'ont pas forcément intérêt à les interdire activement. Au niveau européen, un projet de directive, le « Digital Service Act » a été adopté en janvier 2022 et vise à obliger les grandes plateformes à retirer les contenus identifiés comme illégaux et à révéler aux législateurs le fonctionnement de leurs algorithmes, de manière à les aider à contrer les contenus hostiles, ingérants ou illégaux. Mais, pour le moment, le vide juridique perdure à ce niveau.

En plus de toutes ces limitations et contraintes légales, les ressources humaines allouées à VIGINUM, aujourd'hui, semblent malheureusement assez ténues, au vu de l'ampleur de la menace qui pèse sur le débat public français : 24 experts en investigation et analyse numérique, science des données, sciences politiques et géopolitique, sont employés par le service, au moment où j'écris ces lignes (janvier 2022). On prévoit 50 spécialistes fin 2022. Ce service, on peut l'imaginer, priorisera son activité opérationnelle sur des thématiques sensibles qui nécessitent une posture de vigilance : événements institutionnels, démocratiques, politiques, sociétaux, historiques, sportifs connus et planifiés ou une actualité. Et il aura sûrement un impact significatif, grâce à cette capacité opérationnelle très française de « faire plus avec moins ». Mais la coopération des grandes plateformes, issues des pays démocratiques où la liberté d'expression est la norme, sera évidemment déterminante pour l'avenir du débat public dans ces mêmes démocraties.

Les algorithmes qui, aujourd'hui, favorisent largement les contenus générant l'indignation (pour plein de raisons humaines, sociales et culturelles) ont évidemment leur part de responsabilité dans l'émergence et l'aggravation des clivages dans nos pays. Et il semble qu'aujourd'hui les leaders de ces grandes plateformes se voient largement dépassés par les entités qu'ils ont créées. Un peu comme le Dr Frankenstein, ils ont créé des systèmes dont la complexité et les effets sur les sociétés ont pris tout le monde de court. Et – même si les actionnaires de Meta seront peut-être un peu mécontents – je n'exclus pas que les plateformes fassent le choix d'adapter leurs algorithmes, afin que ceux-ci défavorisent les contenus artificiels et/ou hostiles en provenance des trolls professionnels. Quitte à y perdre un peu de temps de présence sur les plateformes de la part des utilisateurs.

L'avenir nous le dira.

Cela étant dit, une entreprise comme Meta ou Google, aujourd'hui, stocke dans ses bases de données énormément d'informations – dont certaines à caractère privé et intime – sur ses utilisateurs. Ces entreprises privées, concrètement, ont pour la plupart plus d'informations potentiellement compromettantes sur vous et moi que les services de renseignement français, par exemple. Et leur puissance économique, l'influence de leurs algorithmes sur le terrain politique et leur capacité à faire circuler des données les placent – un peu comme la presse à caractères mobiles de Gutenberg – au centre d'un changement massif de paradigme et de rapport de force dans le monde.

Et, pour reprendre la phrase mythique de l'oncle de Spiderman : « Avec de grands pouvoirs viennent de grandes responsabilités. »

Au-delà de la circulation des informations, les grandes plateformes ont aussi des stocks d'informations énormes. Et tout comme, au Néolithique, nous avons créé des enjeux en inventant les stocks de récoltes, les grands data centers sont, ni plus ni moins, des stocks de données. Et ils représentent des enjeux dans les rapports de force majeurs du XXIe siècle.

Qui sait exactement ce qui est mis en place pour protéger ces données des pirates informatiques, des États moins scrupuleux en termes de respect de la vie privée ou de la liberté, ou des principes démocratiques ? Comment protégeons-nous, également, nos données face à des administrateurs et autres techniciens qui ont accès aux contenus stockés par ces « big data » ? Et qui les protège, eux, des tentatives de corruption, chantage, influence, manipulation ? Comment sont-ils recrutés ?

J'avoue avoir passé un certain temps à chercher sans trouver d'informations précises.

Même si différents services de la NSA, par exemple, captent, enregistrent et stockent largement les données qui circulent sur TOUS les réseaux de télécommunication aujourd'hui, qu'ils soient cryptés ou pas, ils restent a minima contraints par un cadre légal clair et des objectifs définis par les constitutions des pays où ils exercent. Dans les faits, les ingérences de ces réseaux de surveillance (ECHELON ou PRISM, dénoncés par Edward Snowden) envers les citoyens, bien que préoccupantes, restent relativement (j'ai bien dit relativement) mineures en comparaison des fuites potentielles, concernant les grandes plateformes privées. Deux exemples récents : en février 2021, 3,2 *milliards* de comptes Google et Hotmail étaient ainsi compromis suite à une attaque informatique[22]. En avril de la même année, la CNIL publiait une information sur la fuite de données personnelles de 533 millions de comptes Facebook[23]. Et tout cela, évidemment, n'exclut pas les ingérences personnelles et potentiellement malveillantes de la part d'employés de ces mêmes entreprises : administrateurs et autres techniciens ayant accès à nos données, de par leur simple privilège d'accès aux serveurs des data centers.

Certains employés des plateformes majeures commencent eux-mêmes à tirer la sonnette d'alarme pour ce qui concerne l'influence et les responsabilités des plateformes. Ainsi, en octobre 2021, Frances Haugen – ancienne cadre chez Facebook – témoignait, devant le Congrès Américain, du fait que « [...] les produits Facebook font du tort à nos enfants, attisent le feu des divisions et affaiblissent nos démocraties [...] »[24]

Bref, il me semble utile, dès aujourd'hui, d'informer les populations sur les campagnes d'influence et d'ingérence qui les visent, afin qu'elles arrivent petit à petit à protéger leurs opinions et leur vision du monde *par elles-mêmes*. Car tous les VIGINUM du monde ne sauraient remplacer le « système immunitaire » naturel des cultures : l'esprit critique, la rationalité... le tout

---

22 • https://www.journaldugeek.com/2021/02/12/gmail-plus-de-3-milliards-de-mots-de-passe-ont-fuite-voici-comment-verifier-le-votre/

23 • https://www.cnil.fr/fr/fuite-de-donnees-facebook-comment-proteger-vos-donnees

24 • *« Facebook's products harm children, stoke division and weaken our democracy »* : https://apnews.com/article/facebook-haugen-congress-testimony-1daac7a76ca7bf0b0802cc46e732b51b

favorisé par l'éducation et, on l'a vu plus haut, un leadership crédible qui fédère autour de projets riches de sens. Vaste programme. Oui.

Le virus dans le virus

Depuis 2020, la crise sanitaire aura été l'occasion d'une prolifération incroyable de la désinformation sur les réseaux sociaux. Entre les scientifiques qui n'étaient – et c'était bien normal au début – pas en mesure de donner des informations fiables au sujet du SARS-COV2 et de sa prolifération, les maladresses du gouvernement dans sa communication en début de crise[25], et l'intensité émotionnelle mettant le feu aux réseaux sociaux comme aux esprits, le cocktail était particulièrement propice à la perte de confiance.

Il faut dire que tout était subitement flou.

Fin 2019 et début 2020, j'ai – dans mon coin – commencé à suivre les chiffres relatifs à la pandémie annoncés par les Chinois puis par les autorités sanitaires en France. Avec un taux de reproduction (R0) de trois, voire quatre et une mortalité de 3% – estimation pessimiste –, j'arrivais à des nombres de morts potentiels de l'ordre de plusieurs centaines de milliers, en France uniquement, si on ne faisait rien.

25 • On se souvient particulièrement d'Emmanuel Macron qui – faute d'informations fiables sans doute – disait aux Français de ne pas paniquer et allait au théâtre, en mars 2019, et des discours sur l'inutilité des masques de Sibeth Ndiaye. Les informations plus solides arrivant par la suite, les communications se sont rapidement clarifiées, mais chez certaines personnes, le doute était semé.

Et les morts en question étaient loin d'être douces. Discutant avec un médecin ayant lui-même vu des gens agoniser et mourir de la Covid, ce qu'il me décrivait était loin d'être rassurant. La quantité de calmants et de produits pharmaceutiques divers nécessaires pour permettre une mort à peu près humaine à ces gens me semblait difficilement réconciliable avec les capacités logistiques du système de santé, sans parler des chaînes d'approvisionnement qui étaient toutes, presque sans exception, dépendantes de... la Chine. La Chine qui bouclait alors des villes et des régions entières, confinant des millions de personnes et stoppant net des pans entiers de sa production industrielle.

En deux mots, de mon point de vue, « ça puait ».

Sans forcément croire pleinement à ma prospective pessimiste, j'ai été étonné du peu de réaction des autorités, et j'étais totalement d'accord avec Nassim Nicholas Taleb qui a twitté à un moment, parlant des exponentielles « *S'il faut paniquer, alors il vaut mieux paniquer tôt.* » Éteindre l'incendie avec un verre d'eau tout de suite, plutôt qu'avec des moyens démesurés, si on le laisse grossir.

Il faut dire que le calcul que je faisais était tellement énorme que, moi le premier, j'avais du mal à ne pas perdre ma foi dans les mathématiques. Et mon premier réflexe a été de mettre ces calculs de côté, d'un revers de la main, tant c'était difficile à envisager. J'ai d'abord cru m'être trompé. Puis, malgré tout, voyant les chiffres évoluer, j'y suis revenu : ma courbe était bonne. Et si on ne faisait rien, ça allait être vraiment une hécatombe.

À partir de là, j'avoue avoir été extrêmement dubitatif devant l'inaction des gouvernements, et leur réponse qui semblait alors assez erratique, tant du point de vue communicationnel que logistique. Les gouvernants n'avaient guère plus de certitudes que nous, évidemment, et l'éventualité de devoir confiner leurs populations n'était pas une mince décision à prendre. Sauf que beaucoup de gens, face à ces communications et actions erratiques, ont fini de perdre confiance dans leurs représentants et leurs élus. Rappelons-nous qu'à l'époque, la crise des gilets jaunes battait encore son plein, et que le mécontentement était déjà très palpable.

Cette nouvelle diminution de confiance, puis le confinement, ont été extrêmement angoissants pour une bonne partie de la population, en France comme ailleurs. Face à ce stress et à l'impossibilité pour les États – eux-mêmes n'ayant pas toutes les informations – de diffuser un discours cohérent et réduisant leur incertitude, les gens se sont mis à chercher frénétiquement des explications et du sens. Les réseaux sociaux, immédiatement, se sont mis à grouiller d'informations plus ou moins invérifiables. Chacun y allait de son hypothèse, partageait sa dernière trouvaille, s'autoproclamait compétent en épidémiologie et en gestion de crise, et le débat s'est enflammé, comme dans tout bon village gaulois.

Cherchant à réduire leur sentiment d'incertitude et à apaiser leurs inquiétudes, les populations françaises mais aussi états-uniennes et européennes ont cherché des réponses, et ont, pour certaines, embrassé des théories assez farfelues. L'effet principal de cela aura été de cliver la population de manière extrêmement forte et de pousser beaucoup de gens à simplement s'extraire des efforts de prophylaxie collectifs.

La réponse assez autoritaire du gouvernement – à base d'attestations et de sanctions policières – aura sans doute ralenti la flambée épidémique, mais elle n'aura rien fait pour éteindre le feu de la défiance. Au contraire.

On a vu alors apparaître plusieurs groupes Facebook, Telegram et autres de « réinformation », où les intox ont été largement diffusées. Des vidéos circulant sur Messenger en passant par des méthodes alternatives pour se protéger du virus, tout allait très vite, ajoutant encore à la confusion des gens qui – rappelons-le – étaient alors pour beaucoup simplement enfermés chez eux avec du temps à tuer sur leur smartphone.

Cette période me semble avoir été un moment charnière dans les positionnements de beaucoup de Français qui étaient déjà assez hostiles à Emmanuel Macron, comme au gouvernement. Et les mèmes clivants, parfois totalement déconnectés de tout caractère vérifiable ou scientifique, se sont mis à être massivement partagés, devenant de facto viraux.

Les algorithmes des réseaux sociaux favorisant l'engagement des utilisateurs, ils savent détecter les contenus susceptibles de capter l'attention et de faire en sorte que ces utilisateurs passent davantage de temps connectés à leur plateforme. Et ces contenus sont mis en avant, pour chaque personne, par l'algorithme. Plus ils sont vus, plus ils sont susceptibles d'être vus, en somme. Ils sont de facto davantage partagés. Cela augmente leur portée de manière exponentielle. Je crois que cette caisse de résonance numérique a eu un effet très important sur la division des opinions.

De son côté, Didier Raoult, dans ses communications vidéo, a été un peu vite en besogne en annonçant, le 25 février 2020, la « *fin de partie* » pour le coronavirus. Des études subséquentes, reprenant son protocole, n'ont pas confirmé ses conclusions. Certains États, comme le Maroc, ont tout de même adopté d'emblée ses protocoles pour finalement faire machine arrière, voyant que, malheureusement, cette solution était réellement trop belle pour être vraie.

Face à l'absence de solution réellement efficace, chacun y allait de sa méthode. On se souvient de Donald Trump, sous le regard consterné de son conseiller scientifique, annonçant lors d'une conférence de presse qu'un peu de javel pourrait probablement prévenir une infection. Les urgentistes américains ont ensuite vu des vagues d'empoisonnement à base de produits antiseptiques en tous genres déferler dans leurs services, évidemment.

Entre la pénurie de masques, la confiscation des stocks d'hydroxychloroquine dans les pharmacies et les divers doutes déjà en place, les esprits se sont rapidement enflammés, à l'époque, et encore aujourd'hui beaucoup de gens s'interrogent : « *et si le gouvernement avait tout orchestré pour réaliser un obscur dessein ? Et si les grands labos pharmaceutiques avaient provoqué tout ça ?* »

Le fait est que la confiance est une chose fragile et que, sans une dose de confiance importante, les gens ont du mal à accepter d'être confinés chez eux, laissés dans l'incertitude, obligés de chômer, et privés de libertés qu'ils considèrent comme acquises.

Mon fil Facebook, en mars et avril 2020, ressemblait littéralement à un feu d'artifice de désinformation et de méfiance. Et l'intensité émotionnelle était palpable. À tel point que j'ai rapidement pris mes distances avec les réseaux sociaux, à l'époque, et que je me suis recentré sur des petits groupes de discussion privés, où je pouvais échanger avec des gens plus sereins et plus rationnels, capables de prendre un peu de recul et de digérer une quantité massive d'informations nouvelles sans perdre pied.

Les tensions sociales déjà présentes en France, de fait, ont été amplement exacerbées à partir de là, et une vraie tendance complotiste a émergé et s'est largement décomplexée à partir du printemps 2020 sur les réseaux sociaux. Parallèlement à mes petits groupes de discussion posés et cherchant à extraire des tendances de la littérature scientifique, des groupes Telegram et certains groupes « secrets » sur Facebook ont commencé à pulluler et à toucher des milliers de personnes. Je me souviens avoir suivi un temps un groupe Telegram (logiciel d'origine russe) où circulait une quantité phénoménale de faux communiqués médicaux, scientifiques, et de pures spéculations : plus de 340 000 personnes y étaient inscrites, au moment où je l'ai quitté. À titre de comparaison, c'est un taux de pénétration comparable aux plus grands quotidiens français[26]. Et ce groupe publiait des DIZAINES de posts par jour, mêlant allègrement le bon grain et l'ivraie, ce qui contribuait largement à la confusion générale, chacun diffusant des morceaux choisis sur ces fils sur ses profils Facebook, dans les discussions familiales, etc.

Dans les relations entre les gens dits « complotistes » et le reste des Français s'est rapidement créée une faille énorme. Les uns, considérés comme crédules – voire collaborationnistes – par les complotistes, et les complotistes étant moqués et pris de haut par les gens cherchant à rester dans – et à défendre – une approche plus rationnelle et pondérée.

D'un côté, les complotistes, dans leurs discours, semblaient avoir pour motivation première de ne pas être naïfs, ne pas se laisser duper, manipuler par les discours des élites réelles ou supposées, en qui ils avaient totalement perdu confiance. Ils cherchaient bien souvent à désigner un coupable identifiable, à défaut de pouvoir appréhender la complexité d'une époque, ou d'un système. Ils agissaient comme si leur but était de retrouver des certitudes – quitte à diaboliser le gouvernement – faute de trouver des explications qui soient crédibles à leurs yeux.

En réaction à ces discours considérés comme irrationnels, beaucoup de gens taxaient violemment les com-

26 • À titre d'exemple comparatif, le journal *Le Figaro*, deuxième après *Le Monde*, tire quotidiennement à 338 000 exemplaires au moment où j'écris ces lignes. Source : https://www.acpm.fr/Les-chiffres/Diffusion-Presse/Presse-Payante/Presse-Quotidienne-Nationale.

plotistes de stupidité, de paranoïa. Et si les discours scientifiques, se voulant rationnels, auraient pu se poser comme une sorte d'antidote à la pensée complotiste sur certains points, une chose m'apparaît de plus en plus clairement, aujourd'hui : la science, elle aussi, peut être instrumentalisée et devenir un levier pour prendre le pouvoir sur l'opinion publique, la sphère politique, ou les querelles facebookiennes. Ce scientisme[27] parfois virulent ne faisant évidemment rien pour arranger les choses dans les rangs des complotistes, ces derniers se sont alors braqués encore plus. Des positionnements affirmant le droit de chacun à « décider de sa propre réalité » ont achevé le travail de scission, confirmant de facto l'opinion du clan des « pro-science » à leur sujet.

On pourrait épiloguer longuement sur la construction progressive de ce schisme entre les rapports au réel des deux groupes que je présente ici. Mais si une chose doit être retenue, à mon avis, c'est que chacun de ces deux camps s'est retrouvé profondément coupé de la réalité de l'autre.

Du côté des complotistes ou assimilés, on trouve une multitude d'opinions et de récits explicatifs, de visions du monde. En face, les scientifiques ont eux-aussi leurs divergences, et les débats entre eux font rage. Mais au-delà de ces différences, je vois deux tendances nettes se dessiner : ceux qui ne croient plus en rien et qui se

27 • Définition Wikipedia : « Le scientisme est une position apparue au XIXe siècle, selon laquelle la science expérimentale est la seule source fiable de savoir sur le monde, par opposition aux révélations religieuses, aux superstitions, aux traditions, et aux coutumes, également à toute autre forme de savoir. https://fr.wikipedia.org/wiki/Scientisme

fabriquent un récit pour combler ce vide, et ceux qui se raccrochent à la science et à la rationalité pour tenter de fonctionner sur la base de référentiels communs.

Les uns fuient dans un imaginaire anxiogène qui, paradoxalement, semble leur donner l'impression d'un gain de souveraineté. Les autres cherchent la même chose dans ce qu'ils appellent les faits : des études, des méta-études, des papiers scientifiques, et des statistiques. Finalement, chacun de ces groupes cherche à avoir prise sur les évènements, mais utilise un processus mental très différent pour y arriver.

Loin de vouloir poser ici un arbitrage sur qui a raison et qui a tort, j'aimerais plutôt proposer une réflexion qui prenne un peu de hauteur : ces deux visions de ce qui peut, ou pas, être considéré comme « vrai » sont à la source de camps clairement opposés. Et ce schisme, cette faille ontologique[28], crée des tensions bien réelles.

Et les camps se forment autour de deux axes principaux, me semble-t-il :

- d'une part, les scientistes qui, au final, ne croient qu'en la science ;

---

28 • L'ontologie, en philosophie, se consacre à l'étude de l'être et, par extension, de la manière dont on définit la réalité des phénomènes. À titre d'exemple, le célèbre « je pense, donc je suis » de Descartes est un argument en faveur de sa posture ontologique, qui pose la pensée comme preuve de l'existence de l'être et de son rapport au réel.
En général, les scientifiques cherchent plutôt, de leur côté, à percevoir et étudier une réalité objective qui serait indépendante de l'être, de la perception subjective et des opinions. Ils supposent donc qu'une réalité existe en dehors de leur être, et indépendamment de lui. L'idée que chacun puisse définir sa réalité se heurte donc à leurs croyances et à leurs méthodes, ce qui crée évidemment chez eux des résistances fortes, surtout s'il est question de l'imposer – dans les faits et par des comportements autocentrés – aux autres.

- d'autre part, les complotistes, qui remettent surtout en question tout discours émanant d'institutions ou de personnes qui leur semblent détenir du pouvoir. N'ayant plus confiance dans les discours fédérateurs traditionnels, ils placent leur opinion personnelle sur un pied d'égalité avec la démarche scientifique. Ils remettent parfois violemment en question le socle narratif qui sert de référentiel commun pour fonctionner en groupe, au niveau national.

Évidemment, la diversité des idées et des points de vue est indispensable au débat public et démocratique. Et j'aimerais apporter une nuance importante : une majorité de scientifiques ne sont pas scientistes, et de nombreuses personnes très critiques par rapport au monde scientifique ou politique ne sont pas pour autant complotistes, ni en rupture avec les enjeux communs de la nation. Au contraire : nombreux (dont moi) sont très critiques, mais gardent en tête l'importance de ne pas jeter de l'huile sur le feu et de rester dans un dialogue aussi constructif que possible.

David et Goliath

Les complotistes chérissent particulièrement tous ceux qui – de leur point de vue – se placent dans une relation du faible au fort. « Le courageux petit qui ose se rebeller face aux grands[29] », sous une forme ou sous une autre, devient facilement leur égérie.

29 • Comme Didier Raoult, qui a fait cavalier seul et défendu son protocole peu coûteux, défiant les discours officiels et les grands laboratoires pharmaceutiques.

Cette dichotomie est très prégnante dans plusieurs pays. L'élection de Donald Trump, aux États-Unis, semble aussi avoir été en bonne partie motivée par ce genre de préoccupation, où Trump s'est positionné dans ses discours comme étant celui qui saurait s'opposer aux lobbies, aux puissances financières et à divers conglomérats d'intérêts plus ou moins nébuleux et occultes. Sa manière de s'exprimer, très peu policée, son franc-parler et son impulsivité sur les réseaux sociaux ont ainsi séduit beaucoup d'électeurs s'identifiant de près ou de loin à la pensée complotiste. L'invasion du Capitole par les QAnon (le jour où s'y tenait une session du Congrès finalisant le décompte des votes qui confirmerait la victoire de Joe Biden) démontre bien ce constat. Pour les QAnon – ouvertement complotistes – tous les candidats, sauf Trump, étaient à la botte de groupes d'intérêts secrets qui fomentaient des accords dans l'ombre avec des buts moralement condamnables. Et ces « forts » – réels ou imaginaires – sont, dans le discours des complotistes américains, ceux contre qui le petit et courageux Trump était le seul à s'élever.

Ce qui me semble intéressant dans le phénomène QAnon est l'évolution très rapide des discours antigouvernementaux, aux USA, et leur teneur apparemment de plus en plus détachée de la politique ou des faits vérifiables. La résonance, sur les réseaux sociaux, de théories et d'accusations visant spécifiquement les

« liberals[30] » et leurs représentants (Obama, les Clinton et Biden, pour ce qui concerne l'histoire récente) est phénoménale. S'il semble évident que la « gauche » états-unienne est loin d'être immaculée et incorruptible, les accusations de pédophilie, de satanisme, de collusion avec les illuminati ou d'autres groupes occultes sont pour le moins déconnectées du débat politique. Et surtout, cet effet de résonance tend à décomplexer les idées les plus farfelues, rendant difficile le débat de fond. Et la loi de Brandolini[31] fait le reste : il faut tellement de temps pour déconstruire les « intox » qu'il n'y a plus beaucoup de place ni de temps pour discuter des vraies idées.

Croyances fédératrices

Beaucoup de gens, de nos jours, affirment croire à des théories qui peuvent paraître farfelues quand on ne fréquente pas leur groupe. Qu'on se tourne vers les survivalistes « hardcore » qui pensent que le monde est toujours à trois repas chauds du chaos, ou vers les complotistes, les platistes, les partisans des théories sur les chemtrails... ces gens affirment croire en des choses.

30 • Le terme « liberal », dans la bouche des conservateurs américains, désigne de manière très péjorative et stéréotypée la personne de gauche, considérée par eux comme dénuée de sens moral et de courage, généralement riche, éduquée et fragile, probablement écologiste, transgenre et vegan, qui s'acoquine avec l'ennemi communiste. Je caricature, évidemment, mais vous avez l'idée générale.

31 • https://fr.vikidia.org/wiki/Loi_de_Brandolini : loi selon laquelle il faut beaucoup, beaucoup plus de temps pour démontrer qu'une information est fausse que pour la créer de toutes pièces, ce qui rend la lutte inégale entre les désinformateurs et leurs contradicteurs.

Mais tous ces gens croient-ils en ces choses de la même manière, avec le même niveau de certitude, qu'ils croient, par exemple, que le ciel est bleu ? Ou que tout ce qu'on lance en l'air finit par retomber ? Est-on face à une croyance qu'ils considèrent objectivement vraie ? Ou ont-ils quelque part une petite once de doute, de distance avec leur croyance, de manière plus ou moins consciente ?

Cette question me semble extrêmement importante.

La logique aristotélicienne, binaire, devient ici un piège pour la pensée. Entre « c'est vrai » et « c'est faux » subsiste tout un tas de nuances. « Ça n'est pas entièrement faux », « il y a peut-être un fond de vrai », « je crois plus à ceci qu'à cela... », etc.

Et dans l'absolu, est-il indispensable qu'une croyance soit totalement perçue comme « vraie » pour qu'elle ait un effet fédérateur ? Et si les croyances exprimées au sein de mouvements divergents étaient surtout un moyen de reconnaissance entre personnes partageant des valeurs communes ? Même approximativement communes ?

Les hypothèses alternatives concernant les dysfonctionnements de nos sociétés, qu'elles soient complotistes, altermondialistes, collapsologiques ou autres, sont donc souvent moins des certitudes pour ceux qui les expriment qu'une tentative de se remettre en cohérence avec leurs valeurs et celles de leur groupe. Je pense ainsi qu'il est important de comprendre que beaucoup des gens qui expriment ce genre de croyances ne sont ni des fous, ni toujours persuadés d'avoir raison (même s'ils en ont souvent l'air). Ils cherchent surtout à appartenir à un projet collectif qui soit plus en conformité avec leurs valeurs et leur identité.

Peut-être que le vide cognitif, paradoxalement alimenté par un trop-plein d'informations, et l'absence de projet fédérateur qui soit compris et entendu par la population, sont des choses sur lesquelles il faudrait se pencher pour comprendre un peu mieux ces phénomènes en apparence farfelus.

Que disent les collapsologues ? Ne parlent-ils pas, quelque part, de leur amour de la civilisation et de la nature, et de leur mode de vie ? De leur peur que nos excès ne nous mènent à des changements qu'ils voudraient éviter ?

Que disent les complotistes ? Ne disent-ils pas, quelque part, leur amour de l'honnêteté, et leur besoin d'avoir confiance dans leurs leaders ?

Que disent les platistes ? Ne parlent-ils pas, quelque part, de la peur qu'ils ont de voir leurs traditions et leur identité oubliées au profit de la science et du scientisme ? D'un monde qui évolue trop vite, au détriment des traditions ?

Que disent les antivax ? N'ont-ils pas – au-delà d'un vaccin – peur de la violence institutionnelle ? De la perte de souveraineté sur eux-mêmes ?

Il y a certainement une part de mauvaise foi ou de manipulation au sein de tout mouvement ou de toute idéologie. Mais ces mouvements se forment autour de valeurs communes, qui réunissent les gens. Et ne serait-il pas intelligent, pour un État, d'entendre ces préoccupations sous-jacentes et d'en tenir compte par des actions concrètes et des communications claires et cohésives ?

Il m'apparaît de plus en plus clair que la marge de manœuvre des États, à une époque où tout le monde peut devenir reporter ad hoc, et où chacun a, dans sa poche, de quoi produire des vidéos scandaleuses, est extrêmement ténue. La nécessité de contenir les débordements de certains agitateurs violents se confronte très rapidement à l'indignation populaire. Et s'il n'est pas question non plus de fermer les yeux sur d'éventuelles fautes bien réelles, commises par les États ou les forces de l'ordre, la mauvaise foi de certains groupes – facilitée et alimentée par les différents acteurs étrangers sur les réseaux sociaux, entre autres – transforme systématiquement l'essai et enflamme les esprits.

Ce qui met le plus le feu aux idées, c'est d'essayer de les faire taire. Dans le meilleur des cas, elles s'adaptent, changent de forme et reviennent plus tard à la charge. Dans le pire des cas, elles se radicalisent, en symétrie avec les agressions qu'on leur fait vivre, et elles cherchent à s'imposer par la force. Et de fait une stratégie couramment employée consiste à FAIRE CROIRE aux divers mouvements et groupes d'opinion qu'on essaie de les museler.

Pour contrer ce phénomène et sans valider les théories farfelues qui semblent se multiplier de nos jours, il me semble urgent d'entendre le message des valeurs sous-jacentes qui animent les différents groupes, même radicalisés. Essayer d'entendre très tôt leurs préoccupations de fond et, pour nos décideurs, en tenir compte dans un dialogue bienveillant, sans pour autant tolérer les débordements concrets.

Plus que de coercition, nos États doivent désormais, je pense, pratiquer l'écoute empathique à une échelle collective. Embrasser ce nouveau rapport de force dans les capacités de diffusion des informations et s'y adapter.

Évidemment, ne faire qu'écouter et accepter béatement les débordements des totalitarismes reviendrait à renier les valeurs républicaines. Mais de bêtement contre-attaquer, d'utiliser la coercition ou la censure ne fonctionnerait pas, et reviendrait aussi à renier les valeurs de nos démocraties. Or, dans le climat actuel, les États du monde entier sont en équilibre sur le fil du rasoir : entre leur devoir de contenir les actions violentes et les réactions épidermiques que toute coercition – réelle ou imaginaire – provoque, la marge de manœuvre est infime. Et nos démocraties n'ont plus aucun droit à l'erreur.

Je ne dis évidemment pas qu'il faut tolérer la brutalité policière ou les éventuels errements de la classe politique. Simplement je constate que, dans le climat actuel, tout devient un argument en faveur des clivages, et attise le feu des vieilles rancunes.

La « mauvaise nouvelle », c'est que cela nécessitera une dose massive de remise en question de nos sociétés, de nos institutions, et donc de nos élites politiques, intellectuelles, financières, etc. Or, l'histoire démontre malheureusement que la réussite et le succès deviennent de réels handicaps intellectuels. Et qu'au sein d'un système aussi concurrentiel, les gens qui réussissent le mieux sont souvent moins capables d'empathie et de remise en question qu'on pourrait le souhaiter.

Je connais personnellement des exceptions notables à cela. Et certains humains exceptionnels, doués de l'intelligence fine et des valeurs profondément humanistes, se retrouvent parfois à des postes importants. Mais ils me semblent aujourd'hui devenir de plus en plus l'exception, et non la norme. Ou – à tout le moins – ils sont trop peu présents dans la conscience populaire.

L'autre « mauvaise nouvelle », c'est que les populations aussi vont devoir réaliser le rôle qu'elles ont à jouer dans les possibilités de vivre ensemble. Car si l'esprit critique est indispensable pour que le débat public soit sain, ouvert et digne d'intérêt, encore faut-il que cet esprit critique ne se laisse pas manipuler par des campagnes d'ingérence, ou par du « prêt à penser » tiré de titres « putaclic » des réseaux sociaux.

Le regretté Stephen Jay Gould disait : « une saine démystification doit faire mieux que de remplacer un préjugé par un autre[32]. »

Quoi qu'il en soit, nous faisons aujourd'hui les frais de dysfonctionnements profonds dans nos sociétés. Et ces dysfonctionnements sont utilisés contre nous.

Une part de ces dysfonctionnements vient aussi de la complexité incroyable des systèmes politiques, économiques et financiers que nous avons mis en place au fil

32 • *« Sound debunking must do more than to replace one social prejudice by another. »*

des siècles. Aujourd'hui, à part une poignée de spécialistes, personne au sein de la population n'a de vision claire sur le fonctionnement de ces grands ensembles. Et encore moins sur leurs interactions avec les différentes strates systémiques qui les composent, les côtoient et les influencent.

Les fourmis, les systèmes complexes, et la faute à qui...

J'aimerais amener un concept indispensable pour la suite de mon exposé : *les propriétés émergentes des systèmes complexes*. Cette notion est essentielle, parce qu'elle explique une quantité incroyable d'effets que nous observons, dans ce monde, et pour lesquels nous cherchons (souvent à tort, parfois à raison) à identifier des coupables.

Une propriété émergente, c'est le comportement qu'on peut observer, de l'extérieur d'un système, en prenant de la hauteur, et qui semble parfaitement volontaire et coordonné. Ce résultat est en fait le seul résultat des interactions entre plusieurs comportements plus simples. Un des exemples classiques, repris un peu partout pour illustrer les propriétés émergentes d'un système complexe, est la colonie de fourmis.

Les fourmis ouvrières ont une capacité hallucinante à profiter d'absolument toutes les ressources alimentaires disponibles autour de leur nid. Elles le font admirablement bien. Bien mieux que des animaux plus évolués, dits intelligents. S'il s'agit de nettoyer quelques mètres carrés de nature de tout ce qui peut y être comestible, les fourmis sont imbattables. Et pourtant, individuellement, elles ne savent pas forcément ce qu'elles font, et elles n'ont pas de vue d'ensemble du terrain qu'elles nettoient, contrairement à nous.

Comment font-elles ?

C'est assez simple. L'algorithme tient en quatre lignes, que je résume ici grossièrement :

1 • « Si tu es au nid avec les mains vides, quitte le nid et balade-toi au hasard. »

2 • « Si tu trouves de la nourriture, ramasses-en un bout et ramène-le au nid en marquant le chemin avec des phéromones. »

3 • « Si tu trouves une piste de phéromones, suis-la. »

4 • « Si tu es au nid avec les mains pleines, dépose la nourriture dans le lieu de stockage. »

Avec ces quatre petites fonctions toutes simples, les fourmis arrivent, sans aucune coordination centrale, sans chef, sans supervision et sans conflit majeur, à détecter et à récupérer tout ce qui est comestible, en commençant par ce qui est le plus accessible et en élargissant de plus en plus la zone de leurs recherches, en privilégiant « automatiquement » les zones les plus faciles d'accès.

Elles ont évidemment plusieurs autres séries d'algorithmes, pour d'autres cas et d'autres fonctions (pour protéger les œufs, défendre le nid, essaimer, etc.). Mais globalement, chez les fourmis, tout semble fonctionner de cette façon décentralisée. Leur chef, c'est leur série d'algorithmes. Il a été élu et formé au fil des millénaires par la sélection naturelle des colonies de fourmis les plus florissantes.

Les propriétés émergentes des systèmes dits « complexes » sont donc de cet ordre[33]. Et c'est (pas toujours, mais souvent) la structuration même des interactions entre des actes isolés – dénués d'intention de nuire comme de coordination consciente – qui crée ces effets, parfois dévastateurs, que nous observons dans nos sociétés.

Les médias

Transposons maintenant ce concept à des comportements humains, au sein de grands ensembles. Imaginons un journal.

Un journal est un média qui a deux buts différents – et parfois contradictoires. L'un de ces buts est d'informer. L'autre est de générer des profits. Chaque journaliste, de fait, se retrouve dans un paradoxe assez délicat. Le travail d'un journaliste, officiellement, consiste à rendre service à ses lecteurs en leur fournissant des informations utiles. La presse est quand même censée être le quatrième pouvoir : informer, débattre, pour que les citoyens votent et délèguent ensuite leur pouvoir politique à des représentants élus. Mais notre journaliste doit faire tout ça en prenant garde de générer suffisamment d'intérêt, de manière à capter l'attention du public pour que les publicitaires s'y retrouvent aussi.

33 • Des systèmes simples peuvent être complexes. Des systèmes compliqués (comme une usine à gaz) peuvent aussi ne pas être complexes, parce qu'ils sont parfaitement prévisibles, au moins en théorie. Mais les propriétés émergentes des systèmes complexes les rendent – au moins en partie – auto-déterminés. On ne peut pas tout prévoir, en ce qui les concerne.

Pour résumer grossièrement, les actionnaires et financiers des journaux veulent un journal qui se *vende*, ou en tout cas qui soit beaucoup lu, pour pouvoir vendre de l'espace publicitaire de manière à engranger des profits. D'un point de vue strictement financier, peu importe ce qu'on met dans le journal, tant que ça capte l'attention. La fameuse phrase de Patrick Le Lay, alors président de TF1, sur le « temps de cerveau disponible » pour Coca Cola, a choqué beaucoup de gens à l'époque, mais il parlait avec une sincérité et une transparence certaines[34] : le but d'un média n'est pas uniquement d'informer. C'est d'utiliser l'information pour attirer des cibles publicitaires. Et selon les lignes éditoriales des médias, on le fera avec plus ou moins de considération pour le débat public, pour la souveraineté intellectuelle des lecteurs ou des auditeurs, voire pour la vérité.

En pratique, les directions financières et les actionnaires ont – du moins à terme – le dernier mot sur la politique éditoriale des médias. Ce sont eux qui recrutent les rédacteurs en chef, directement ou indirectement. Et on ne verra probablement que très rarement CNN parler en mal de WarnerMedia, ou des activités de ses actionnaires importants (comme BlackRock ou JPMorgan Chase). Les procédés éditoriaux de CNN vont plutôt

34 • « Soyons réalistes : à la base, le métier de TF1, c'est d'aider Coca Cola, par exemple, à vendre son produit (...). Or pour qu'un message publicitaire soit perçu, il faut que le cerveau du téléspectateur soit disponible. Nos émissions ont pour vocation de le rendre disponible : c'est-à-dire de le divertir, de le détendre pour le préparer entre deux messages. Ce que nous vendons à Coca Cola, c'est du temps de cerveau humain disponible (...) » Patrick Le Lay, PDG de TF1. Juillet 2004.

dans le sens de ses objectifs premiers : faire des profits en vendant de la publicité à des segments de population importants. Et pour faire cela, il est indispensable de capter l'attention du public. Or CNN semble avoir pris le parti de faire grossir son audimat en générant des émotions fortes, de l'indignation, et pourquoi pas du clivage. Contrairement à l'approche TF1 qui cherche à divertir, le modèle CNN joue plutôt sur la peur, mais le but est le même : capter l'attention. Et le système fonctionne bien. La santé financière de CNN peut en témoigner.

Gavin de Becker, dans son magnifique ouvrage *La peur qui vous sauve* (Lattès), explique bien les avantages évolutifs de la peur, et de l'attention qu'on porte aux choses qui nous font peur. Dans la nature sauvage où nous avons évolué, les individus attentifs aux dangers ont toujours été favorisés pour la transmission de leurs gènes : ils mourraient moins souvent que les autres. Et ce trait adaptatif a été conservé, jusqu'à nous. Il suffit de voir les bouchons qui se créent, sur l'autoroute, dans la voie circulant en sens contraire des accidents pour illustrer cela : les gens cherchent à voir les choses qui leur font peur. De manière quasi instinctive, ils ralentissent quelques secondes à la hauteur de l'accident, en cherchant à voir et à comprendre ce qui s'est passé. Ils ne font pas forcément cela par intérêt morbide ou par plaisir de voir du sang. Ils le font (et moi le premier) pour comprendre, pouvoir dire, pouvoir témoigner et mettre en garde[35]. Les choses qui nous effraient, sur les réseaux sociaux, sont de fait énormément partagées et deviennent très facilement « virales ». Et les titres anxiogènes, dans la presse, ont toujours été très vendeurs pour cette même raison : être informé du danger, c'est avoir un temps d'avance sur lui[36].

Revenons à notre exemple précédent : au vu des choix éditoriaux de CNN et au vu de la sélection et de l'angle de traitement de certains sujets, on peut assez vite se retrouver avec l'impression que le monde entier est à feu et à sang.

Je me souviens ainsi d'un ami états-unien qui m'avait fait un appel vidéo, suite aux attentats du Bataclan, aux fusillades et autres prises d'otages en région parisienne. Cet ami – profondément inquiet – m'avait alors proposé de m'envoyer de l'argent pour que je prenne des billets d'avion avec toute ma famille pour venir chez lui et être en sécurité « le temps que ça se tasse en France... » Depuis ma petite vallée drômoise, je l'ai remercié de s'inquiéter pour nous et de sa proposition généreuse, et je lui ai dit que tout allait bien. Devant son

35 • Ce trait – propre à l'espèce humaine – est très bien décrit par Yuval Noah Harari dans son ouvrage *Sapiens* : notre capacité à échanger de l'information, notamment au sujet des dangers de notre environnement, est un avantage adaptatif énorme que nous avons et qui nous a permis de survivre en tant qu'espèce, malgré le désavantage en termes de rapidité, induit par la bipédie.

36 • On peut par ailleurs voir une préoccupation similaire sur les sites complotistes, sur les forums autour de la collapsologie, de l'écologie, etc. : les sujets, les méthodes et les démarches varient, mais les utilisateurs de ces sites / forums / groupes cherchent à comprendre et à anticiper ce qui leur pend au nez pour pouvoir le prévenir ou s'y préparer.

incrédulité et face à son insistance, je suis sorti de la maison avec mon téléphone, et j'ai retourné la caméra. Je lui ai alors montré les montagnes autour de chez moi, un rosier en fleurs et les enfants qui jouaient au foot en riant, derrière la maison.

Je lui ai dit, en pointant un des enfants du doigt : « dans le coin ici, le plus méchant terroriste qu'on a, c'est le petit blond, là. Dès qu'il peut, il fait l'intifada et il jette des cailloux aux poules. »

Mon ami de l'Arizona était littéralement sous le choc. De son point de vue, la France était en état de siège. Ce qu'il avait vu sur CNN était un pays en guerre, ni plus ni moins. Se trouvant en décalage total avec ma réalité, il m'a d'abord soupçonné de minimiser le danger. Face à mon air détendu et aux rires des enfants, il a fini par se rendre compte que – en fait – ça allait vraiment.

En riant, ensuite, je lui ai dit d'éteindre sa télé et d'aller faire un tour dehors. Il a ri un peu jaune, mais il a compris le message.

Est-ce que quelqu'un au siège de CNN quelque part a voulu sciemment que mon ami ait une vision aussi biaisée de la réalité de la France ? Évidemment non. Est-ce que, en revanche, une volonté assumée de générer de l'audimat est présente au sein des décideurs de CNN ? Je pense qu'on peut affirmer que *oui* sans trop de crainte de se tromper. Est-ce que, de fait, chaque acteur de CNN, du haut en bas de la pyramide, cherche à sélectionner des sujets, parler des choses, montrer des images sous un angle qui permette de capter l'attention du public ? Je pense qu'on peut également répondre *oui*.

Et est-ce que cet angle de traitement des sujets va dans le sens de réfléchir posément aux sujets, de circonscrire les enjeux finement ? De nuancer ? De comprendre la genèse sociologique, culturelle ou politique des évènements ? Je ne pense pas. On veut des images intenses, des cadrages dynamiques, un discours anxiogène et qui ne contredise pas trop la vision du monde stéréotypée de la masse populaire. Et on assiste ainsi à la naissance d'un magnifique cercle vicieux : on part du principe que les gens sont émotifs et qu'ils n'ont pas envie de réfléchir. On leur sert, de fait, des contenus chargés émotionnellement, simples à comprendre, et souvent très clivants. Les auditeurs consommant massivement ce genre de contenus, leur vision du monde devient de plus en plus chargée émotionnellement et de moins en moins nuancée. Et on se retrouve avec un homme de cinquante ans, diplômé, à l'aise financièrement et qui réfléchit normalement plutôt bien... qui appelle un de ses amis en France et lui propose 10 000 dollars pour mettre sa famille en sécurité aux États-Unis.

Qui est coupable dans cette histoire ? Le journaliste qui a fait son live entouré des bouquets de fleurs posés devant le Super Casher ? Le monteur qui a remis six ou sept fois en cinq minutes les images des flaques de sang sur le trottoir, des unités d'intervention, de la fusillade et des camions de pompiers et autres ambulances ? Le ton apeuré, sérieux, intense que l'animateur a choisi de prendre ? Le chef, quelque part, qui ne lui a pas laissé de temps pour trouver d'autres informations que « il y a des morts, les policiers courent partout » avant de passer à l'antenne ? Tout ça pour quoi ?

S'il y a un coupable, c'est l'algorithme : l'articulation complexe entre les différentes lignes du projet initial, qui consiste à gagner de l'argent avec une chaîne d'informations. Et les raisons pour lesquelles les actionnaires de ce média ont souhaité être riches ou puissants. Leurs croyances, leur histoire familiale, les systèmes de valeurs dans lesquels ils ont évolué et se sont construits. Les choix de vie qu'ils ont faits en tant que jeunes adultes pour « réussir leur vie », etc. Toute une série de petits choix innocents à leur échelle, qui se combinent et interagissent... et qui créent en bout de chaîne une machine médiatique ultra-puissante, capable d'inquiéter des millions de personnes.

« *Qui trop écoute la météo passe sa vie au bistrot.* »

Évidemment, je caricature ici le fonctionnement de CNN assez grossièrement pour illustrer un principe. Et fort heureusement, dans le réel, les choses sont un peu plus complexes. Et en France, l'esprit critique étant ce qu'il est, il reste un marché pour les médias plus nuancés. Et ils existent. Mais gardons à l'esprit qu'ils sont précieux, et qu'ils ont besoin de nous et de notre intelligence, de notre capacité à lire les nuances, de notre envie de comprendre le fond des problèmes. Sans cette curiosité intellectuelle, toute entreprise de presse de qualité est vouée à la faillite pure et simple.

Les réseaux sociaux

Parlant d'algorithmes, les algorithmes qui sélectionnent les contenus qui sont présentés sur mesure aux utilisateurs des réseaux sociaux ont un impact énorme sur nos opinions et notre vision du monde.

Personne ne sait précisément de quelle manière ils fonctionnent, dans le détail, mais on sait que leur objectif est de faire en sorte que les gens passent le plus de temps possible sur leurs applis à « scroller » et à interagir avec les contenus.

Plus les gens y passent du temps et s'y engagent émotionnellement, et plus, statistiquement, ils peuvent vendre d'espace publicitaire, et apprendre sur les comportements des utilisateurs. Aussi, cet algorithme s'affine et se précise avec le temps.

Vous avez sûrement déjà remarqué que le fil Facebook d'une personne est totalement différent de celui d'une autre. Par exemple, je suis très intéressé personnellement par les arts martiaux et la préparation physique. Et quand j'ouvre YouTube, l'algorithme me propose des contenus proches de ce que je regarde habituellement. Et encore plus souvent, YouTube me propose des contenus en rapport avec les vidéos sur lesquelles j'ai posté des commentaires. En effet, je suis très, mais alors très peu intéressé par la mode et le prêt-à-porter masculin. Or il se trouve qu'il y a quelques mois, Benoît de la chaîne de magasins « Bonne Gueule » m'a cité dans une de ses vidéos au sujet des systèmes de vêtements. J'ai donc posté un petit commentaire pour le remercier et lui donner rapidement un avis non sollicité. Depuis, j'ai non seulement droit à des propositions de vidéos de

Bonne Gueule, mais de plein d'autres sujets proches de la mode masculine[37].

Les algorithmes sont tellement performants, sur ce genre de plateforme, qu'ils arrivent même à deviner ce qui m'intéresse vraiment, au-delà de ce que j'imagine qui m'intéresse. Ainsi, je crée régulièrement des comptes sur Facebook pour faire de la veille stratégique sur certains sujets. Je me crée un compte bidon, et je m'inscris à des groupes relatifs aux sujets sur lesquels je souhaite que l'algorithme me propose des contenus. J'interagis avec les groupes ou les personnes qui s'intéressent à ces sujets, et après très peu de temps, sur ce compte, l'algorithme me fait remonter des sujets et des tendances que je ne connaissais pas, mais qui sont en rapport avec les centres d'intérêt que j'ai pu dévoiler de par mon comportement à l'intérieur de ce compte.

L'expérience est extrêmement intéressante parce que, d'un compte à l'autre, la société qu'on me présente et les gens avec qui je peux facilement avoir des interactions sont totalement différents.

Pendant un temps.

Ainsi, le compte « DM-IA » que j'avais créé, pour laisser l'algorithme me proposer des contenus en rapport avec l'intelligence artificielle, a peu à peu glissé vers des contenus de plus en plus orientés vers le voyage nature et la photographie. Sans m'en rendre compte, j'avais interagi

37• Depuis, Benoït est d'ailleurs venu faire un stage dans notre structure, et j'ai eu le plaisir de l'interviewer pour mon Podcast, comme quoi les algorithmes ont aussi du bon ;)

avec les contenus en rapport avec le traitement « intelligent » des photos, puis le traitement « intelligent » des itinéraires de randonnées, puis avec les logiciels capables de reconnaître les espèces de plantes, etc. Le plus petit dénominateur commun à tous ces microchoix n'était plus tellement l'intelligence artificielle : c'était la nature. Et l'algorithme semble s'en être rendu compte et m'a proposé de plus en plus des contenus qui m'intéressaient en-dehors de mes recherches sur les intelligences artificielles.

Ainsi, périodiquement, après quelques mois à utiliser mes différents comptes Facebook, YouTube ou Instagram, je me rends compte que tous convergent de plus en plus vers des contenus similaires, qui sont mes centres d'intérêt classiques et « réels ». Je suis alors quitte pour fermer tous ces comptes et recommencer l'opération de veille avec un compte différent (et en utilisant un VPN).

Il en va évidemment de même pour les opinions politiques, les visions du monde, les gens avec qui on interagit, que ce soit pour partager des opinions similaires ou pour se disputer gentiment et débattre : les algorithmes savent – de toute évidence – détecter ce qui nous intéresse vraiment, ce qui capte notre attention facilement, et ils nous proposent en priorité ces contenus.

L'effet sur la pensée et la vision du monde est simple : l'algorithme nous montre ce que nous voulons voir. Il nous présente aussi ce qui nous offusque et nous fait bondir. Et de fait il est un facteur puissant qui vient confirmer nos opinions et nos visions du monde.

La propriété émergente de ce genre de système est évidemment facile à imaginer : ces algorithmes consolident et sclérosent nos opinions. Ce faisant, ils créent des communautés de pensée très homogènes et peu enclines à changer de point de vue. Déjà que, pour un être humain, changer d'avis est très compliqué, lorsqu'il se retrouve dans un environnement de réseau social qui confirme ses points de vue et lui fait fréquenter virtuellement en priorité des gens qui sont d'accord avec lui, les choses deviennent facilement immuables dans son esprit.

Cela, on s'en doute, n'aide pas à réduire les clivages et à comprendre les points de vue des autres.

La finance, le capitalisme financier et les bulles

Le monde de la haute finance et des marchés boursiers est un cas intéressant pour y appliquer le modèle des propriétés émergentes. Le fait qu'on puisse, aujourd'hui, gagner de l'argent sans rien produire, via la spéculation, crée une propriété émergente simple : *des bulles*.

Puisque ça n'est pas la valeur réelle des actions achetées et vendues qui compte, mais bien leur valeur marchande, ce sont les chiffres annoncés et les apparences qui garantissent la plus-value. La valeur réelle d'une entreprise est sa capacité à faire des bénéfices en produisant et en vendant ses biens ou ses services. Mais cette valeur réelle n'a que peu de poids, finalement, dans le cours de ses actions ou le prix de sa revente. En tout cas à court ou moyen terme.

En guise d'illustration (sordide), j'ai ainsi croisé un jour un homme d'affaires qui se spécialisait dans le rachat et la revente d'entreprises en difficulté. Arrivant et reprenant à bas prix des entreprises en mauvaise posture, il licenciait massivement – en arrachant souvent un accord aux syndicats qui souhaitaient *a minima* et faute de mieux sauvegarder l'outil de travail. Il éliminait ainsi les employés les plus anciens et les cadres les plus compétents et bien payés : ceux qui auraient pu le contredire, évidemment, mais aussi ceux qui étaient les plus indispensables pour faire tourner la boîte. Il embauchait ensuite au rabais quelques bons petits soldats qui allaient gonfler un peu leurs chiffres et tordre la vis aux ouvriers. Puis s'ajoutait un DRH sanguinaire – licenciant sans pitié – et quelques mois après, les résultats financiers étaient excellents. Forcément : on avait fortement réduit les dépenses. Sur le papier, les bénéfices augmentaient massivement. Mais la boîte avait en réalité perdu toute sa capacité réelle de production. C'est alors que le requin en question revendait la structure avec un profit conséquent et recommençait ailleurs. Souvent beaucoup plus loin. Les repreneurs, évidemment, se retrouvaient face à une boîte viable sur le papier, mais seulement sur le papier : ils avaient acheté une coquille vide.

Cet homme était un marchand de bulles. Ni plus ni moins.

Ce cas est extrême, évidemment, mais la stratégie est totalement légale. Chaque salarié licencié l'ayant été dans le cadre de la loi sur le travail, chaque mauvais choix étant absolument défendable d'un point de vue juridique, tout était dans les clous. Et le bilan fourni avant la revente était certifié comptablement.

Cet exemple, presque caricatural, nous choque et nous révolte, sans doute à juste titre. Mais le système boursier et le capitalisme financier fonctionnent, à peu de choses près, dans leurs travers, de cette manière. Ils diluent simplement davantage les responsabilités.

Dans le grand jeu des entreprises soumises au système boursier, chaque acteur, à chaque niveau, a intérêt à masquer les problèmes et à afficher de bons résultats. Et la conséquence de ça est simple : la valeur financière des choses augmente via la spéculation sans que leur valeur réelle (en termes de capacité de production et de vente) n'augmente aussi vite. On « triche » un peu, tout en restant généralement bien dans le cadre légal, sur les résultats financiers, les chiffres de production, les temps de présence, les frais, etc. Chacun essaie d'emballer avantageusement le petit décalage qu'il observe entre les chiffres et la réalité, à tous les étages, pour ne pas être pris en défaut. Et finalement beaucoup de structures deviennent de véritables gruyères : entre ce qu'on annonce et la réalité, il y a des trous énormes.

Pas étonnant que l'économie financière soit faite de bulles et de crashes permanents. Comme on dit dans le monde de l'informatique, « ça n'est pas un bug, c'est un design. »[38] Et tous les audits, procès et autres tentatives de minimiser le problème ne pourront rien changer à la structuration profonde de ce système, ni à la volonté décentralisée et partagée par pratiquement tous les acteurs de ce grand manège : gagner plus d'argent en faisant moins d'efforts. Prendre plus, donner moins.

Est-ce un complot sataniste ou mondialiste ? Pas forcément. Vous, moi, tout le monde peut y participer par l'entreprise d'une simple application boursière sur son smartphone, et investir quelques dizaines d'euros.

Je doute que ceux qui ont eu l'idée de diviser les parts des entreprises en actions et de se les échanger dans un marché boursier aient envisagé un seul instant les effets pervers de ce qu'ils étaient en train de mettre en place[39]. Cependant, ils avaient déjà, je pense, eu l'idée de gagner plus d'argent sans rien produire directement.

La solution pour que les effets du système boursier changent ?

38 • *« It's not a bug, it's a feature »* : l'expression, issue du monde du développement logiciel, entend par là démontrer que les dysfonctionnements dans les logiciels sont présents dès le début de leur création et que la responsabilité de ces bugs incombe aux créateurs du projet.

39 • Il semble d'ailleurs que c'est plutôt une question de dilution et de partage des risques qui aura été la motivation première de l'apparition des actions cotées en bourse. C'est en Belgique, et notamment en Flandre, que les premières ébauches de système boursier seraient apparues, au XIXe siècle. Et la première entreprise officiellement cotée en Bourse a été la Compagnie des Indes Orientales, en 1602, avec pour objectif de limiter les risques pris par les explorateurs, avides des richesses d'Orient, mais ne souhaitant pas y risquer leur fortune entière. Pour plus de détails : https://assolea.org/histoire-du-march%C3%A9-boursier/.

Imaginons un pourcentage élevé d'investisseurs désintéressés. Disons 25 % des capitaux circulant dans les bourses. C'est évidemment une pure utopie, dans le monde d'aujourd'hui, mais elle me servira à illustrer un principe. Imaginons que 25 % des capitaux circulant dans les marchés boursiers mondiaux soient investis non pas avec pour objectif unique de faire des profits, mais *aussi* pour sponsoriser des entreprises saines, respectueuses de l'environnement, des humains, etc. Des investissements éthiques. Probablement moins rentables à court terme, ces investissements auraient pour but d'encourager les entreprises qui peuvent créer des fondations solides et pérennes à la production de richesses.

Quel serait l'effet de ce genre d'investissement à court, moyen et long termes ? Sur les entreprises ? Leurs salariés ? Nos pays ? Notre biotope ?

Ces choix d'investissement difficiles, laborieux et probablement coûteux semblent aller à contresens des objectifs mêmes des investisseurs. Pourtant, à long terme, ce genre de choix ne s'imposera-t-il pas de lui-même ? À force d'investir dans des bulles et de créer des monstres creux, les investisseurs les plus rusés ne finiront-ils pas par chercher des démarches d'investissements durables ?

Ce genre de choix, sans être sacrificiel ni désintéressé, mais étant plutôt en recherche d'une interaction à somme positive (tout le monde gagne un peu), est un concept vieux comme le monde. Cela s'appelle la coopération.

Et pour opérer, elle demande une chose simple à comprendre, mais très difficile à mettre en place : de la confiance. J'en reparlerai.

Autre endroit où l'on peut appliquer le modèle des propriétés émergentes : l'administration publique. Chaque fonctionnaire, pris isolément, fait certainement son travail et n'a rien à se reprocher. Mais chaque fonctionnaire, aussi, a pour but de conserver son poste. Rien de plus humain. Aussi, chaque chef de service a pour but de préserver les postes de ses subordonnés, sinon son poste de chef devient inutile (et il est loyal envers son équipe). Et le N+2, de son côté, défend les budgets de ses équipes et démontre à quel point elles sont essentielles. Et il veut en outre que ses résultats soient bons pour avoir de l'avancement. Et ainsi de suite, jusqu'en haut de la pyramide, chacun défend son petit bout de budget national. Et la propriété émergente de tout ça est que, utile ou pas, toute administration (tout comme n'importe quel système complexe) a tendance à vouloir préserver son existence. C'est même sa première fonction en tant que système.

Je ne suis évidemment pas en train de remettre en question le bien-fondé de la fonction publique ou de militer pour des restrictions budgétaires. Simplement, j'observe des effets de système qu'on retrouve partout, et le fait que les effets des choix de chacun, totalement logiques et compréhensibles isolément, créent des propriétés émergentes.

Tous ces effets de système, de l'extérieur, ont très souvent l'allure de stratégies coordonnées, mises en place sciemment par une puissance obscure quelconque. Et les théories du complot, voyant ce genre de phénomènes sans la grille de lecture qui en explique la mécanique, sautent aux conclusions intuitives, logiques : quelqu'un, quelque part, doit bien être en train de prendre des décisions dans le but de créer ça. Et un « ils » abstrait vient servir de pronom indéfini à la petite clique, coupable des faits globaux.

Quoi de plus logique, dans une culture organisationnelle où les décideurs sont censés être responsables de tout, que de chercher les coupables de ce genre de phénomène ? Évidemment, les gens qui sont en position de structurer l'ensemble d'un système et d'en influencer les enjeux ont certainement une grande part de responsabilité dans les propriétés émergentes des systèmes qu'ils créent. À condition d'être en mesure de les anticiper. Or, c'est rarement le cas : la complexité de ce genre de phénomène est telle qu'il est souvent simplement impossible, même en théorie, de savoir comment ils vont s'articuler et interagir, et ce qui en sortira réellement.

Fait intéressant à noter : les propriétés émergentes des systèmes complexes ne sont observables que quand des comportements sont reproduits à grande échelle et dans plusieurs parties du système de manière parallèle. Dit autrement : **chaque acteur de l'ensemble porte une petite part de responsabilité.**

Petite.

Et malheureusement, si un ou même plusieurs acteurs de ces systèmes se mettent à changer de comportement, leur impact sur la propriété émergente en question sera marginal, voire nul. Bon nombre de burn-out et de dépressions trouvent probablement leur source dans le sentiment d'impuissance que ressentent ces individus, conscients de leur part de responsabilité, mais impuissants à faire changer le système réellement.

D'autres, voyant les dysfonctionnements, mais refusant cette impuissance, se mettent à chercher des coupables. Et ces coupables, dans le langage courant, c'est souvent « ils ».

Ce « ils » coupable, dans l'esprit de certains, devient tantôt une entité abstraite, tantôt une sorte d'élite mondialiste secrète qui tire les ficelles et cherche à dominer la planète par l'entremise de tous les complots possibles. Ou plus simplement « l'État », qui devient alors pour eux une sorte de concept flou qu'on peut stigmatiser. Et même si, bien évidemment, des gens sans scrupules existent et font de leur mieux pour gagner en richesse, en puissance ou en notoriété par des procédés plus ou moins condamnables (moralement ou légalement), la croyance dans ce genre de capacité de nuisance révèle une méconnaissance des complexités de notre monde : même si « ils » le voulaient, le monde est trop complexe et trop incroyablement imprévisible pour que ce genre de complot ait une chance de fonctionner. Et les changements de société ne peuvent exister que si les individus qui composent cette société les adoptent. Massivement.

Je pense pour ma part que ces systèmes, qu'ils soient médiatiques, financiers, étatiques ou autres, ont évolué de manière très organique, sans qu'on puisse désigner un seul ou une petite clique de responsables. Pire : même les élus n'ont qu'un pouvoir très limité dans leur capacité à faire changer la structure du système. Même en imaginant qu'ils soient tous compétents, pétris de bonnes intentions et d'idéaux honorables, la complexité et l'inertie propres à l'homéostasie de ces systèmes énormes font qu'il est extrêmement difficile de modifier leurs structures. Pour y arriver, il faudrait utiliser une approche complexe, comprenant finement la nature décentralisée, disséminée des dysfonctionnements, des résistances au changement, etc.

Et il faudrait aussi que les populations y participent.

Étant un éternel optimiste – ou une tête de mule légendaire – j'aime croire qu'il existe des solutions à tout cela, dont la coopération que je mentionnais plus haut. Les interactions visant le « win-win ».

Qu'est-ce qui pousse les humains à sacrifier un peu de leurs bénéfices pour les partager avec un autre ? Outre les morales sacrificielles ou les notions de transcendance, une chose demeure efficace : la croyance que ce genre de « deal » permettra d'autres interactions « win-win » par la suite, et que dans la durée, tout le monde s'y retrouvera encore mieux que dans une logique de concurrence égoïste.

La théorie des jeux, depuis les années 90, a maintes et maintes fois permis de démontrer que la coopération au sein d'un système donné est plus payante que la concurrence.

En même temps, la concurrence a aussi ses points forts et ses avantages, notamment dans la sélection des projets ou individus qui sont les plus performants ou adaptés.

Comment placer le curseur intelligemment entre ces deux tendances, indispensables l'une comme l'autre ? Comment créer une saine compétition ?

Une seule solution demeure : la présence d'objectifs communs.

Et ces objectifs communs s'auto-organisent autour de valeurs.

Celles-ci s'articulent et sont « mises en place » par nos récits communs, nos mythes, nos héros et notre éducation, formelle mais surtout informelle. Or, quels sont les héros des enfants, de nos jours ? Qui est mis au-devant de la scène dans les films ? Dans les vidéos de musique ? Dans les exemples de réussite sociale qui inondent les cerveaux des jeunes en 2022 ? Et quelles sont les valeurs sous-jacentes, implicites, qui sont transmises ?

Les solutions

Il peut apparaître prétentieux, et outrageusement optimiste, de parler de solutions, aujourd'hui, en France, comme dans de nombreux pays démocratiques. Beaucoup de gens sont persuadés que tout est simplement perdu. Que la France et les pays démocratiques ont perdu la guerre contre le pourrissement et la décadence de leurs institutions. Que les populations sont trop engagées dans des processus d'autodestruction, de laxisme, de médiocrité pour encore espérer les voir se relever.

Je vois les choses différemment. Et je ne suis pas le seul.

Dans cette partie, je vais donc me permettre d'explorer des pistes de réflexion sans prétention. D'analyser un peu ce qui pourrait – potentiellement – avoir une chance de fonctionner pour remettre nos démocraties en selle. Ces réflexions sont évidemment incomplètes, probablement naïves, et elles n'engagent que moi. Car si nul n'est prophète dans son pays, comme le dit l'adage, le fait d'être étranger ne garantit pas pour autant qu'on soit compétent pour cette fonction. Aussi, très humblement, je propose ces quelques idées avec l'espoir que quelqu'un de plus intelligent que moi les reprenne, les améliore et en fasse peut-être quelque chose. Dans tous les cas, n'étant même pas citoyen français, je me sens légèrement mal à l'aise de proposer ces réflexions, alors que je n'aurais même pas le droit de m'exprimer sur ces dernières dans un vote. Je laisse donc aux citoyens français et aux institutions politiques du pays la responsabilité de faire quelque chose de tout cela ou pas.

Recréer de la confiance

À mon sens, la condition *sine qua non* pour que toute coopération puisse être mise en place, dans un groupe petit ou grand, est la *confiance.*

Nous avons vu plus haut toutes les manières dont cette confiance est mise à mal, tant par les errements de communication que par les mécanismes de sélection de l'information des médias et autres plateformes. Sans oublier bien sûr nos tendances « naturelles » et nos dynamiques de groupes spontanées, dès lors que nous sommes stressés. Il me semble pourtant indispensable que la confiance puisse renaître, si on veut que nos valeurs et notre capacité à vivre ensemble perdurent. Et oui, la confiance est une chose qui doit se mériter. Elle ne peut pas être imposée. Même avec toute la violence du monde.

Aussi, les leaders ont, me semble-t-il, un devoir d'exemplarité énorme, surtout dans le contexte actuel où l'accès à l'information et à la diffusion de l'information est devenu la norme. Et où la marge de manœuvre est infime.

En discutant avec différents acteurs au service de l'État, pendant mon enquête pour ce livre, et longtemps avant, j'ai pu entendre leurs fortes préoccupations quant à ce qu'ils appellent « la défiance » des Français envers leurs institutions. Quand je les questionne sur les causes qu'ils prêtent à cette défiance, la plupart expliquent que les quelques « pommes pourries » du milieu politique ont suffi, au fil des dernières décennies, à décrédibiliser l'ensemble d'un système, malgré la présence (selon eux) extrêmement majoritaire de gens pleins de bonnes intentions.

Ils notent également, pour certains, les difficultés d'articulation entre le système politique, le système judiciaire et les médias. Médias qui sont souvent approximatifs, sensationnalistes, et qui savent bien que le sentiment de trahison et d'indignation ressenti par les lecteurs et auditeurs est très rentable.

Cela a pour effet de désengager encore davantage les citoyens du processus démocratique, car les nuances et les complexités de nos institutions et de leur fonctionnement sont – de plus en plus – totalement inconnues des citoyens, mais aussi de bon nombre de journalistes.

Les taux d'abstention massifs sont probablement à la fois une cause et une conséquence de tout cela : ne se reconnaissant pas dans l'offre politique, de plus en plus de gens se désengagent du processus démocratique, ce qui laisse le champ libre à ceux qui sont les plus partisans. Et donc, bien souvent, les moins capables de critiquer le système pour qu'il s'améliore d'un point de vue plus général, et au-delà de l'opposition entre partis.

Et on en revient ici à un concept qui m'est cher : celui de citoyenneté. Car l'offre politique, quoi qu'on en dise, répond quand même globalement à une demande populaire, du moins en partie. Et si les médias de fond et d'analyse politique semblent assez peu populaires, de nos jours, c'est bien, aussi, parce que la demande des lecteurs et auditeurs pour ce genre de contenus n'est pas énorme.

Qui s'intéresse vraiment à la politique, de nos jours ? Qui a envie de s'informer suffisamment sur le fonctionnement – très complexe – de nos institutions, de notre pays et du monde – pour avoir un avis éclairé sur la question ?

La politique, pour beaucoup de Français, est aujourd'hui traitée comme les conditions d'utilisation des logiciels ou des applications que nous installons sur nos téléphones : tout le monde – ou presque – clique sur « accepter » sans regarder. Et ce même si, dans les petites lignes du contrat, certaines choses peuvent être lourdes de conséquences.

De facto, l'éducation, et a fortiori l'éducation politique, me semble être une priorité, si on souhaite assainir le processus démocratique et nos institutions.

De manière générale, la qualité des contenus pédagogiques, la pertinence des méthodes éducatives, le statut des enseignants dans la société, ainsi que l'attractivité des postes liés à l'éducation, dès le primaire, seraient probablement des pistes à explorer. En Suisse, par exemple, un salaire de professeur, y compris au primaire, lui offre un pouvoir d'achat dans son pays qui reste plus élevé que son équivalent français. En outre, l'instituteur ou le professeur jouit toujours (beaucoup plus qu'en France) d'un statut social de notable, au même titre que le médecin ou l'avocat. Ce sont des professions perçues comme « nobles » et qui imposent le respect, même si, là-bas aussi, les choses changent. En France, l'instituteur est couramment insulté, non respecté... et un cercle vicieux se met rapidement en place. Les salaires assez bas, les conditions de travail difficiles dans certaines écoles, et le manque de reconnaissance dont souffrent les instituteurs et professeurs me semblent poser problème. Aussi, leur donner réellement les moyens et la liberté d'action dont ils ont besoin pour faire réussir les élèves pourrait peut-être changer la donne. Des approches alternatives, notamment l'approche par projets qui a fait ses preuves dans plusieurs pays, ou les pédagogies de type Montessori, si elles ne doivent pas forcément être appliquées stricto sensu, pourraient gagner à être considérées, et pourquoi pas intégrées intelligemment et progressivement dans les méthodes officielles de l'éducation nationale. Et c'est évidemment le cas dans certaines classes, où des enseignants passionnés prennent sur leur temps personnel pour adapter leurs méthodes. Car les enfants, aujourd'hui, changent plus rapidement que les programmes officiels.

Plusieurs autres secteurs du service public gagneraient également à être revus au goût du jour, ne serait-ce que dans la façon dont la centralisation des prises de décisions et l'inertie du leadership ralentissent actuellement les processus d'évolution d'une manière parfois dommageable. Cette culture de l'autorité centralisée et de l'absence de confiance entre les décideurs et les exécutants – incroyablement dépassée en termes d'organisation – perdure pourtant dans certains îlots au sein des institutions de l'État.

Quels sont les objectifs stratégiques de la France ?

En faisant un petit sondage sur mon profil Facebook, où je posais la question « Quel est l'objectif général de la France, aujourd'hui ? », j'ai eu des dizaines de réponses différentes. Deux tendances se dessinaient :

- « Liberté, égalité et fraternité » : ne sachant quoi répondre, les gens se rabattaient sur les valeurs fondatrices de la République.
- « Survivre » : autrement dit, purement et simplement, continuer à exister.
- « Conserver son statut de puissance économique et diplomatique » : discutant un peu avec ceux-là et demandant à quoi cette puissance allait servir, peu de gens ont su me répondre.

Ma conclusion, ici, ne vaut pas forcément grand-chose en termes de représentativité, mais une tendance me semble pourtant se dessiner : si l'État, si les élus, si notre président, ont une idée claire de la stratégie qu'ils ont mise en place et de la direction générale dans laquelle ils souhaitent amener le pays, une bonne partie de la population n'est apparemment pas au courant. Pourtant, je suis bien obligé d'admettre qu'Emmanuel Macron passe beaucoup de temps à communiquer autour de ses projets, de ses actions et de sa vision stratégique de fond. Et il le fait dans divers médias, avec un niveau de détails et d'efforts de traduction de la complexité qui me semble très concret. Pourquoi, alors, communiquer tant, si aussi peu de Français l'entendent ?

Le niveau de complexité de sa communication est-il trop élevé ? Devrait-il résumer sa pensée avec des slogans ou des « punchlines » plus simples, pour être finalement mieux compris, pour attirer l'attention du public et pouvoir élaborer plus finement auprès des gens intéressés par les détails et la complexité ? Devrait-il plus tenir compte de l'émotionnel des Français, et soigner davantage la relation qu'il entretient de facto avec eux en tant que chef archétypal ? Les phrases courtes et chargées émotionnellement – positivement ou non – sont malgré tout ce qui semble influencer le plus l'opinion. Et on aura malheureusement davantage retenu quelques phrases de sa part, ayant semble-t-il profondément heurté ses opposants, que tout le reste de ses exposés. Le phénomène n'est pas nouveau, évidemment. « Le bruit et l'odeur » de Jacques Chirac, par exemple, aura lui aussi fait couler énormément d'encre, et aura même servi de titre à des albums de musique dans les années 1990[40]. Et si ces phrases marquent davantage les consciences que toutes les autres actions et communications formelles et structurées des présidents, en France, c'est peut-être en partie dû au fait que le débat politique est un phénomène groupal, chargé émotionnellement, bien plus qu'on ne souhaiterait l'admettre.

---

40 • *Le Bruit et l'Odeur* est le deuxième album studio du groupe français Zebda, sorti en 1995.

Loin de vouloir condamner ou cautionner les dérapages linguistiques des présidents français, ici, je souhaite avant tout souligner un point qui est la directe illustration de ce que j'exprimais au chapitre « La guerre pour le contrôle de la réalité » : dès lors que notre vision du monde est remise en question, nous réagissons toujours très vivement. Et il me semble important, en tant que leaders mais aussi en tant que citoyens, d'avoir conscience de ce phénomène de manière à désamorcer, peut-être, une partie de cet émotionnel turbulent et de retrouver plus facilement un dialogue constructif, quitte à ce qu'il soit ouvertement contradictoire.

Un arbre qui tombe fait plus de bruit qu'une forêt qui pousse

Tout cela étant dit, je pense que nous surestimons aussi un peu les dysfonctionnements de nos sociétés et de nos institutions. Le sentiment d'insécurité est par exemple un indicateur significatif, ici. Il ne fait qu'augmenter – largement poussé par les médias et par les réseaux sociaux qui nous font voir davantage les contenus anxiogènes que le reste. Pourtant, les chiffres de la délinquance et de la criminalité violente, dans nos villes, dans nos rues, sont bien plus bas qu'au début des années 1900. Et même si les choses sont loin d'être parfaites, elles ne sont pas aussi sombres qu'on veut bien l'imaginer.

Plein de choses vont bien, également. Y compris dans nos institutions politiques. Mais nous en parlons moins.

Pire, il est généralement plutôt mal vu de parler de ce qui va bien dans les institutions. Le mécontentement semble être devenu un peu une sorte de norme sociale.

Pourtant, des initiatives citoyennes fleurissent un peu partout, jouissant de la liberté qui leur est encore garantie par les constitutions et les lois des pays démocratiques. De nombreux citoyens se réapproprient aussi des savoirs et des compétences pour orienter leur propre vie dans un sens qui leur convient. Ils inventent des solutions pour eux, pour leur quartier, pour leur village, pour leur ville. Tout ça avec, en trame de fond, une prise de responsabilité qui démontre que les ressources de créativité et d'innovation, dans nos pays, ne manquent pas.

Mais un arbre qui tombe fait toujours plus de bruit qu'une forêt qui pousse. Et nous sous-estimons notre capacité collective à apprendre de nos erreurs et à nous responsabiliser pour inventer la suite. Nous sous-estimons notre capacité d'adaptation et d'évolution collectives. Nous nous sous-estimons, globalement, beaucoup nous-mêmes. Et beaucoup les uns les autres.

Cependant les citoyens des pays démocratiques n'ont pas dit leur dernier mot. Si des divergences d'opinions et de visions sont une constante, dans les pays démocratiques, les schismes et les divisions brutales que nous observons aujourd'hui ne sont pas une fatalité. Tout le défi consiste à trouver le moyen d'intégrer ces points de vue divergents dans un projet commun. De profiter de cette diversité plutôt que de la subir. De s'enrichir et d'apprendre de nos différences. Car cette diversité, même si elle crée des frictions, est un gage de robustesse. Mais pour arriver à cela il faudra sans aucun doute un leadership très, très, très habile. Et très humain... et que ce leadership soit également porté par davantage de citoyens, chacun avec ses moyens, ses ressources, et ses possibilités de tenir des projets, petits ou grands.

Qu'on le veuille ou non, il est temps d'abattre quelques murs, et de construire quelques ponts.

Kintsugi

L'art japonais du kintsugi consiste à réparer les porcelaines cassées en les ressoudant avec de l'or. Cette magnifique réparation des lignes de fracture fait que les porcelaines cassées, au lieu de finir à la poubelle, deviennent de magnifiques œuvres d'art, et restent totalement fonctionnelles. Le kintsugi est une splendide métaphore pour illustrer l'antifragilité : grandir dans l'adversité, et même grâce à l'adversité. Tel le phénix, renaître, transformé, de ses cendres.

Dans ce livre, j'ai parlé des nombreuses lignes de fracture de nos sociétés. Plutôt que de laisser nos adversaires remplir ces failles de poison, ne pourrions-nous pas tenter de les remplir d'or ? De prouver au monde qu'il est possible de fonctionner, justement, non seulement malgré mais *grâce* à ces différences ?

Je suis peut-être naïf et idéaliste, mais je crois réellement que si l'on en prend vraiment soin, les failles présentes actuellement dans la société française pourraient devenir des forces, dans l'avenir. Et que la réconciliation intelligente des tendances antagonistes, dans ce pays, pourrait inspirer tous les pays démocratiques qui sont également aux prises avec des divisions et des crises – alimentées, elles aussi, par différents services étrangers, bien évidemment. Si les Français ont été les pionniers de la démocratie par le passé, ils pourraient également devenir les pionniers de l'évolution constructive de ces démocraties face aux divergences, aux clivages et aux dysfonctionnements inhérents aux points faibles de ces dernières.

La « guerre » à mener, si l'on suit cette logique, ne doit pas faire l'économie de consolider la confiance, la cohésion et l'implication des peuples dans la vie de la cité. Et il faudra pour cela changer, je pense, radicalement la manière dont le leadership s'exerce. À tous les niveaux.

Les Français ont besoin d'être entendus, et ils attendent un leadership capable de les convaincre qu'il est en mesure de se remettre en question et de progresser pour révéler le meilleur des forces vives de ce pays. Et le tirer vers le haut. Il est question de « gagner la paix » à l'intérieur même de nos frontières. Ce leadership, s'il existe déjà dans de nombreux endroits de nos sociétés, me semble encore trop peu visible, trop peu présent dans la conscience collective.

Ce renouvellement du leadership doit aussi, à mon sens, être décentralisé et porté jusqu'au citoyen. Plus qu'un simple contribuable, le citoyen me semble avoir un rôle prépondérant à jouer dans l'évolution de nos pays et leur survie. Car le citoyen, qu'on le veuille ou non, est l'unité de base de la démocratie. Et si son vote, une fois de temps en temps, est évidemment utile, son implication au quotidien dans la réalité du pays l'est encore plus. Son implication intellectuelle, évidemment : en s'intéressant à la complexité des évènements, en construisant un esprit critique solide et articulé, sa capacité à repérer les assauts malsains sur son opinion et sa conscience, le citoyen devient plus difficile à manipuler. Et il redevient de fait un acteur ayant davantage de liberté et de pouvoir – même à son niveau – pour pousser nos démocraties vers le haut, sur le long terme.

Cela demandera à tous de redécouvrir progressivement la fraternité, l'autonomie solidaire. De considérer l'implication dans les projets de la République, de la cité, de la vie de leur quartier, de leurs associations, etc.

Je vois pourtant un obstacle culturel majeur à tout cela.

Il me semble que, depuis l'époque romaine, l'articulation du pouvoir entre les gouvernants et le peuple a été fondée sur un contrat social implicite, qui consiste à troquer une partie de sa liberté contre des garanties de sécurité. À l'époque féodale, ainsi, un paysan donnait une partie de ses récoltes à un seigneur en échange de sa protection. Et si la Révolution est effectivement passée par là et a mis en place un État de droit, la structure sous-jacente, implicite des relations entre la République et les citoyens est en partie similaire : par l'entremise des impôts et des taxes, le citoyen contribue à un service public et à des infrastructures qui favorisent sa sécurité, entre autres choses. Ce faisant, plus l'État est devenu performant dans la réalisation de ses missions, et plus les citoyens ont pu se désengager

– progressivement et sans réellement s'en rendre compte – de leurs responsabilités individuelles, tant pour leur propre santé, sécurité, éducation, etc. De génération en génération, il me semble que le citoyen lambda se repose de plus en plus sur des droits et une qualité de vie qu'il considère acquis, et dont il n'est même plus forcément conscient. Déléguant ainsi ses responsabilités à l'État dans plusieurs domaines, le citoyen français moyen me semble se désengager des questions citoyennes et devient de plus en plus passif dans sa relation à la nation. Et le ratio entre l'implication et les attentes envers leurs États, chez les citoyens des pays européens, est pour moi extrêmement surprenant.

Une chose qui frappe beaucoup d'étrangers, arrivant de pays moins démocratiques, plus pauvres ou simplement plus libéraux (comme c'est mon cas), est le fait que les Français semblent – pour certains – avoir oublié « comment les choses pourraient être » sans toutes les infrastructures, tous les services et tous les acquis sociaux dont ils disposent. Et les mots « régime totalitaire » qu'utilisent facilement certaines personnes déçues ou énervées ont – il faut le dire – un goût amer pour les gens qui ont vécu, eux, sous des régimes réellement totalitaires. Ou qui les ont vus de leurs propres yeux de par leurs activités à l'étranger.

Dans les régimes totalitaires, les contestataires *disparaissent*. On tire à balles réelles dans les groupes de manifestants. On torture, on rackette, on viole, et on tue impunément. Dans un État totalitaire, le fait de coopérer avec le camp adverse nous vaut non seulement la mort (souvent lente et douloureuse), mais expose également toute notre famille à des représailles du même ordre. Eh oui, je parle de maintenant. En 2022.

Si, évidemment, on ne doit pas accepter sans critiquer les politiques ou les mesures qui ne nous conviennent pas dans nos pays démocratiques, je pense qu'il faut comparer ce qui est comparable. Et utiliser un vocabulaire précis.

Pour revenir à l'idée de leadership décentralisé – et des responsabilités qui vont avec – je crois qu'il est temps de remettre en avant et de revaloriser pleinement le concept de *citoyen*.

On a compris depuis des années que, lorsqu'on est en position d'autorité, on a une influence énorme sur le comportement et la réussite des gens de par nos simples suppositions. Quand, par exemple, un professeur suppose qu'un élève réussira, ce dernier a plus de chances de réussir. À l'inverse, dans une famille où l'on croit qu'un enfant tournera mal, cette seule croyance a souvent un effet de prophétie autoréalisatrice[41]. Et, au-delà de cet effet Pygmalion, la confiance, pour se construire, doit être réciproque. Et on doit l'entretenir, la protéger, la bâtir. Activement. Délibérément.

La confiance réciproque est probablement le bien le plus précieux des démocraties.

41 • Pour plus de détails sur ce phénomène, l'effet Pygmalion, de nombreux ouvrages existent, mais la page Wikipédia est un bon point de départ : https://fr.wikipedia.org/wiki/Effet_Pygmalion.

Pour les leaders (à tous les échelons) de nos pays, il apparaît absolument indispensable, en cela, de faire preuve d'exemplarité. Il semble aussi important qu'ils diffusent des messages et posent des actes démontrant leur confiance dans la majorité de la population, dans le but avoué de renouer progressivement des liens de confiance réels, sincères, et qui seront honorés par – soyons optimistes – l'immense majorité des citoyens.

Cela, assurément, demandera un effort sur le long terme. Des efforts d'éducation, des efforts d'exemplarité, des efforts de compréhension et d'information. Des efforts, sans doute, de simplification des procédures ou de clarification des discours. Mais j'y crois.

(Je vous avais prévenus : je suis sans doute un peu naïf, mais j'y crois sincèrement, parce que je crois dans la bonne volonté de fond, massive et incorruptible de la majorité des Français, qu'ils soient élus ou simples citoyens.)

Les bons chefs

J'ai eu la chance, durant ma vie, de fréquenter quelques très bons leaders. De par mes différentes activités, au sein de l'entreprise privée comme au contact de différents groupes des forces de l'ordre ou des armées européennes, j'ai pu rencontrer des gens extraordinaires, à tous les échelons. Et quelques « cadres » vraiment hors norme.

Ce sont – et je pèse mes mots – des humains vraiment hors du commun. Des gens qui savent donner un sens profond à leur engagement, et qui savent inspirer. Des gens à qui, bien souvent, on a envie de ressembler. Vers qui on a envie de se hisser. Et ce sont des gens qu'on suivrait même en enfer, pour le simple plaisir et privilège de pouvoir apprendre à leur contact. Faire des choses avec eux. Et écrire l'histoire, petite ou grande. Et tous, sans exception, aimaient profondément les gens qui étaient sous leurs ordres, leurs équipes, et leur cause. Et tous croyaient en l'humain ou, a minima, en son potentiel. Ils prenaient soin de tous avant de prendre soin d'eux-mêmes.

Or être chef est une chose qui s'apprend. Être un bon leader est le fruit de qualités innées, sans doute en partie, mais aussi d'un long parcours – quasiment initiatique, où le chef développe des qualités humaines qu'on n'acquiert pas en un claquement de doigts. Un tempérament de base combatif est probablement indispensable, mais tout le reste est le fruit d'un travail de forge. Long et douloureux. D'une discipline personnelle intraitable. D'un polissage quotidien.

Le bon chef est celui qui garde ses esprits et sait se tenir debout dans le feu de l'incertitude. C'est aussi celui qui sait repartir du connu, même si le « connu » est très ténu. Celui qui sait accepter, de fait, l'inconnu, et trouver des solutions qui réduiront l'incertitude à partir de là, même si c'est imparfait. En outre, le bon chef devra pouvoir se faire entendre. Par son charisme, sa crédibilité, l'opinion que les gens ont de lui au préalable, évidemment, mais aussi par le simple fait qu'il sait dire les choses de manière limpide, claire et facile à comprendre. Et tout cela, bien sûr, s'apprend.

Le bon chef se place au service du groupe.

Les chefs, en temps de paix, ou quand les affaires vont bien, peuvent se permettre une bonne marge d'incompétence et de médiocrité sans même s'en rendre compte. Mais en temps de guerre, en temps de crise ou quand l'incertitude règne, les systèmes humains révèlent en général des chefs de grande envergure, quitte à tolérer un style ou un format qui pourraient déplaire en temps normal.

L'exemple de Winston Churchill, alcoolique notoire et – selon les standards de l'époque – original débridé et grossier personnage, est frappant. Churchill, en dehors de la Seconde Guerre mondiale, n'aurait probablement jamais pu devenir Premier Ministre de Grande-Bretagne. Il a d'ailleurs été nommé à ce poste à contrecœur par l'Assemblée, à l'époque, et a vite été remercié après la fin de la guerre. Son franc-parler, son côté un peu trop sulfureux, son authenticité et son esprit trop créatif ont certes été à l'origine de beaucoup d'institutions novatrices qui perdurent aujourd'hui. Mais ses manières et sa liberté de pensée étaient tolérables, pour les élites britanniques, uniquement en temps de guerre. Ces chefs un peu hors norme sont souvent très dérangeants. On les conserve en lieu sûr, comme les marteaux brise-vitre des TGV, dans un petit boîtier qu'on n'ouvre qu'en cas de problème. Et le reste du temps on ne veut pas entendre parler d'eux.

Dans un de ses discours les plus célèbres, alors que l'incertitude faisait rage sur la volonté du IIIe Reich d'envahir ou non l'Angleterre, Winston Churchill, nouvellement promu Premier Ministre, disait aux Anglais : « *Je n'ai rien à offrir d'autre que du labeur, du sang et de la sueur.* » Annonçant sans détour et sans langue de bois les difficultés des années à venir, il remettait en avant l'impossibilité absolue de se soumettre ou de négocier avec les Nazis. Il évoquait la dignité du peuple anglais et affichait de manière claire, ferme et très inspirante sa volonté inflexible de se battre jusqu'au bout. De périr ou de triompher.

Il disait ainsi : « *Nous irons jusqu'au bout. Nous nous battrons en France, nous nous battrons sur les mers et les océans, nous nous battrons avec une confiance et une force grandissante dans les airs. Nous défendrons notre île, peu importe ce qu'il en coûtera. Nous nous battrons sur les plages, nous nous battrons sur les pistes d'atterrissage, nous nous battrons dans les champs et dans les rues, nous nous battrons dans les collines ; et nous ne nous rendrons jamais...* »[42] Si une incertitude persistait jusqu'alors sur la volonté du gouvernement britannique de céder ou de négocier devant la férocité des troupes d'Hitler, elle s'est éteinte à la suite de ce discours. Mobilisant massivement la population autour de l'effort de guerre, et ne profitant que bien plus tard du soutien des USA, Churchill a ouvert la voie à la contre-attaque et a fédéré autour de cet objectif beaucoup des rivaux ayant trouvé en Hitler un ennemi commun. Il l'a fait en voyant les faits en face, avec réalisme, en définissant un plan d'action, et en le faisant entendre très clairement dans des discours inspirants dont il avait le secret.

Eh oui, son sens de la « punchline » ne nuisait pas.

Devant son obstination et son attitude inflexible, les gens ont eu le sentiment qu'ils avaient subitement prise sur leur destinée, un rôle à jouer dans la tournure des évènements, et une possibilité de s'en sortir. Churchill, plutôt que de rassurer par des mensonges et des compromis, a réduit le sentiment d'incertitude autour de lui jusqu'à rendre crédible son entreprise de ne rien céder à l'Allemagne nazie.

Pratiquement tous les grands leaders que je connais ont un point en commun : ils n'ont aucune envie d'être chefs. Et ils détestent ça. Mais ils le font pour une simple et unique raison : pour servir le groupe.

---

42 • Traduction libre par l'auteur. Texte original du discours : https://winstonchurchill.org/resources/speeches/1940-the-finest-hour/we-shall-never-surrender/.

Pour être utiles. Pour faciliter les choses. Ils ont tous cette même motivation. Servir.

Et les bons chefs, par leur capacité à orienter les bonnes volontés tout en respectant la complexité des groupes et des situations, donnent en général davantage de pouvoir qu'ils n'en prennent. Ils permettent – en fournissant les bonnes informations aux bonnes personnes, de la bonne manière et au bon moment – de faire comprendre le « pourquoi » des choses. Et en s'appuyant sur ce « pourquoi », sur les valeurs communes, ils peuvent asseoir le « comment » – la stratégie générale – et laisser les gens s'exprimer, s'ils adhèrent au projet, dans cette direction.

Un autre point commun à tous ces grands leaders est qu'ils ne s'appuient qu'extrêmement rarement sur leur statut pour imposer leur volonté. Écoutant réellement leurs équipes, ils cherchent à trouver AVEC elles des solutions optimales. Et ils s'assurent que cette même démarche d'ouverture et d'écoute soit présente à tous les étages de leur organisation, afin d'obtenir un maximum de consentements, ce qui rend, encore une fois, du pouvoir et de la liberté aux gens.

Les relations entre le peuple et les chefs d'État sont particulièrement compliquées en France. Dans ce pays, le chef est celui qui cristallise toutes les animosités et qui sert de fusible, de bouc émissaire, presque systématiquement. Rarement encensé ou adulé, il est plutôt toujours critiqué, moqué, incendié et méprisé. On lui reprochera tout ce qui ne fonctionne pas, sans pour autant le glorifier quand les choses vont bien. Et, de fait, les Français demandent à leurs chefs d'être réellement désintéressés. D'être réellement et profondément au service du groupe. Je crois que les Français ont, culturellement, collectivement compris ce qu'est un vrai bon leader. Et ils n'en attendent pas moins de leurs rois, de leurs empereurs, de leurs présidents, de leurs élus.

Et je pense qu'ils ont totalement raison.

Les Français sont et resteront sûrement toujours des rebelles un peu anarchiques, râleurs et mécontents... et pourtant incroyablement disciplinés et fidèles sur le fond, car ils arrivent à voir plus loin que leurs griefs, même s'ils ne s'en vantent pas. C'est d'ailleurs l'une des choses qui m'a le plus frappé en arrivant dans ce pays : les gens sont extrêmement critiques par rapport à tout ce qui se passe dans la sphère politique et publique. Ils râlent, rouspètent, désapprouvent et tapent du pied pratiquement sans arrêt. Et rares sont les réunions de famille, soirées entre amis et autres moments conviviaux auxquels j'étais présent, pendant mes premiers mois en France, où ces « sujets qui fâchent » n'ont pas été abordés. Le niveau de mécontentement que je percevais, venant du Québec où les gens parlent peu de ces choses-là, m'étonnait franchement. Mais j'ai fini par comprendre que les Français, ce faisant, essaient inconsciemment de mettre en place une relation saine avec leurs chefs : une relation où la communication ascendante est possible. Quitte à forcer un peu le trait. C'est même – soyons honnêtes – un peu un sport national. Et quand j'en parle avec des amis, ces derniers admettent volontiers que les Français sont des râleurs de classe mondiale, et ils en rient un peu, avec une étincelle de fierté dans le regard.

Cela dit, les pires des chefs du monde ont tous un point en commun : on ne les contredit jamais. On leur dit toujours « oui ». Et les Français font visiblement, depuis toujours, de gros efforts pour éviter à leurs chefs ce travers...

Je blague à moitié, mais je reste persuadé d'une chose. C'est que les « liberté, égalité et fraternité » sont peut-être trois mots un peu galvaudés ou qui ont été ternis par certains, mais que pour la majorité des Français, ils résonnent encore profondément. Et qu'ils sont prêts à les incarner, à les faire vivre dans les actes, et dans le concret. Et je pense que beaucoup de citoyens français sont prêts à accueillir une relation différente avec leurs élus : une relation qui leur redonne des responsabilités et du pouvoir. Mais, de part et d'autre, il semble que cela soit une option pour le moins complexe à mettre en place.

Utiliser les crises pour évoluer

Les crises, si désagréables soient-elles, comportent toujours une part de risque et une occasion de se transformer. Une opportunité. Mais, évidemment, ça ne se fera pas sans une réelle volonté politique, ni sans une volonté citoyenne. Sans des efforts. Sans des remises en question profondes.

Concrètement, toutes les campagnes de désinformation ou d'influence ont un point commun : elles s'appuient sur un fond de vérité. S'il semble utile de ne pas laisser la place aux débordements violents qui peuvent émaner des mouvements de contestation, une solution simple (mais difficile à mettre en œuvre) paraît s'imposer pour couper l'herbe sous le pied à ces discours : **les utiliser comme source d'information pour entendre les dysfonctionnements et les problèmes qui existent réellement dans le fonctionnement de nos pays, et s'en occuper sincèrement**. C'est, je pense, de cette manière que nous remplirons nos failles de ces soudures d'or que j'évoquais plus haut, quand je parlais du kintsugi.

Si, à travers des mesures concrètes et une communication adaptée, on s'occupait collectivement de ces sujets qui fâchent, avec une stratégie cohérente et visant un résultat à long terme mesurable ? Si on trouvait le moyen de démontrer aux populations que leurs inquiétudes sont réellement prises en compte et entendues ? Si, face à cette véritable guerre cognitive, parfois sournoise et perverse, qui est livrée à nos institutions et à la confiance qu'ont les citoyens envers leurs élus, on utilisait plus efficacement la transparence et la vérité comme moyens de rétablir le lien ?

Par ailleurs, les systèmes d'information actuels permettent les échanges d'information de manière très facile et très fluide. Plutôt que de subir cette fluidité, les États ne pourraient-ils l'utiliser sciemment pour entendre davantage les préoccupations de leurs populations, et communiquer en utilisant des paradigmes nouveaux ?

En guise de conclusion, j'aimerais jeter quelques bouteilles à la mer. Quelques idées, formulées sous forme de propositions, de pistes de réflexion, sans prétention. Peut-être pourront-elles inspirer nos décideurs, ou donner envie aux Français de devenir une partie de la solution, à petite ou grande échelle.

Pour l'État et les institutions politiques

Augmenter massivement la communication ascendante : que les peuples sentent qu'ils ont réellement la possibilité de faire remonter des informations à leurs institutions, et que les informations pertinentes soient réellement prises en compte, dans des délais acceptables. Cet effort, par les institutions, de remise en question et d'écoute réelle des idées, besoins et élans provenant de la population, permettrait de créer une soupape, désamorçant un peu les crises ainsi que l'émotionnel des populations, tout en permettant réellement – c'est une certitude – d'explorer des hypothèses nouvelles et utilisables pour l'amélioration continue des services de l'État et des conditions de vie des gens. Se sentant entendus et reconnus, beaucoup de gens – après la traditionnelle épreuve de la confiance à ne pas rater – pourraient ainsi se sentir de nouveau impliqués dans la vie de la cité. Non plus par obligation, mais bien par choix personnel.

Mais, pour cela, il faudra *réellement* les entendre. Par là, j'entends entendre non seulement ce qu'ils disent, mais aussi entendre les valeurs qu'ils défendent, les préoccupations qui les animent. Savoir lire entre les lignes de ces revendications chargées émotionnellement.

Une communication limpide et transparente autour des objectifs stratégiques à court, moyen mais surtout long termes, de manière à réduire l'incertitude des citoyens et à donner un sens à leurs efforts. En sachant où va leur pays et pourquoi, les gens pourront – ou pas – adhérer au projet social. Car il vaut peut-être mieux une adhésion réelle mais incomplète, respectant les diversités, que des tentatives politiciennes de satisfaire trop de gens. Prenant en compte l'avis des populations grâce à la communication ascendante, ces objectifs stratégiques pourraient évidemment être réajustés légèrement, et périodiquement.

Renouveler la culture du leadership à tous les échelons. Un style de leadership plus décentralisé, moins autoritaire, plus flexible, et davantage fondé sur les objectifs que sur la forme serait plus adapté aux réalités socio-culturelles du XXIe siècle. Un leadership plus humain, moins perverti par le carriérisme ou des objectifs implicites, fait ses preuves partout aujourd'hui dans le monde occidental : institutions militaires, politiques, économiques, médicales. La saine circulation de l'information et le plein consentement des subordonnés aux projets collectifs entrepris sont des facteurs clés qui doivent être pris en considération de manière urgente, et ce, à tous les niveaux de l'État comme de la société civile. Pour ce faire, des formations au leadership pourraient être mises en place très tôt dans le cursus des décideurs de demain et proposées aux cadres, chefs d'entreprise et dirigeants en tous genres dès maintenant, avec la promesse de résultats concrets : atteinte plus rapide et efficiente des objectifs, diminution de la souffrance au travail et économie des ressources. Des réformes encourageantes sont déjà en cours, et ce, au plus haut niveau de l'État, en France, notamment via la suppression de l'ENA. L'amélioration des compétences en leadership ne doit pas s'arrêter là et doit, à mon sens, être disséminée partout : des mairies aux PME, en passant par les présidents d'associations et le citoyen lambda, pour ceux que ça peut intéresser. Car tout le monde, à un moment ou à un autre, peut se retrouver dans des situations où le leadership sera utile, y compris en tant que subordonné.

Réformer l'avancement et les promotions, au sein des institutions de l'État. De l'armée aux forces de l'ordre, en passant par la fonction publique à tous les échelons, l'avancement et les promotions doivent absolument être définis en fonction de critères de compétence *pour l'échelon auquel le promu sélectionné devra* œuvrer, et non plus en fonction de ses compétences à l'échelon inférieur, de son réseau ou du fait de la virginité de son parcours, en termes d'erreurs. Les erreurs et les fautes, loin de prouver l'incompétence durable d'un individu, font partie du processus d'apprentissage. Une conception différente de la compétence (évolutive et non pas innée, ou magiquement acquise par l'entremise de diplômes prestigieux) favorisera l'émergence des individus capables de progresser et de s'améliorer en permanence. Cette culture de la progression individuelle continue doit être inhérente à la culture du leadership.

Relocaliser massivement. La crise sanitaire et le blocage du canal de Suez par un cargo pendant quelques jours, et d'innombrables analyses bien connues, ont démontré la fragilité de nos filières d'approvisionnement. Y compris pour ce qui concerne des éléments, matières premières ou produits essentiels. Par ailleurs, dans une logique de guerre systémique et hybride permanente, la dépendance industrielle et logistique envers des pays de plus en plus hostiles à l'égard de nos démocraties devient un enjeu stratégique majeur[43]. Par ailleurs, dans le monde incroyablement interconnecté logistiquement dans lequel nous vivons, *la mise en place de circuits plus courts* concernant les produits et matières premières indispensables à notre survie et à notre autonomie en termes de défense semble devenir une priorité. Sans parler de leurs avantages en termes d'impact sur l'environnement. Aussi, favoriser – par tous les moyens utiles – la réémergence d'une industrie primaire et secondaire en Europe et en France me semble être une priorité absolue. Notamment (mais pas seulement) pour ce qui concerne la microélectronique, les produits pharmaceutiques, le textile, l'alimentation, etc. D'autant que la relocalisation limitera les flux financiers qui circulent actuellement de l'Ouest vers l'Est, et donnent littéralement à nos adversaires le bâton pour nous battre. *Last but not least*, favoriser la réindustrialisation de l'Europe créera des emplois et une économie endogène – plus éthique et plus écologique que ce qui se fait ailleurs, la plupart du temps – favorisant notre puissance diplomatique, dans l'avenir. Le vieil adage « qui veut la paix prépare la guerre » est sans doute encore valable. Mais il faut se souvenir que pour préparer la guerre, il faut commencer

43 • Certains diront qu'il l'était déjà il y a vingt ans, mais « mieux vaut tard que jamais… »

par préparer l'industrie... et donc le business. Car sans ces soutiens financiers et industriels, n'importe quelle armée n'a que peu de ressources objectives pour faire la guerre. Et donc n'a que peu d'arguments pour imposer la paix. Par conséquent, la réussite économique de la France et de l'Europe me semble être, paradoxalement, un gage de stabilité pour la paix mondiale. Ici aussi, de nombreuses mesures sont déjà en cours en France. Espérons qu'elles continuent et rencontrent le succès escompté.

En effet, forte d'une réussite économique bien concrète, la diplomatie européenne – et notamment française – pourrait ensuite servir de trait d'union entre l'Ouest et l'Est. Et mettre en lumière les objectifs communs qui existeraient, dans un tel contexte, entre les États-Unis et la Chine. Et entre la Russie et l'Europe, bien évidemment.

Réussissant un tel tour de force de réconciliation en interne comme par l'entremise de sa diplomatie, la France gagnera peut-être, d'ici trente ou cinquante ans, la paix, pour cette planète. Qui sait ? Mais pour ce faire, il semble indispensable qu'une certaine forme de continuité stratégique, au-delà des divergences partisanes, puisse être permise. Aussi, une dernière proposition – sans doute la plus utopique de toutes – serait de voir émerger un « plus petit dénominateur commun » stratégique, en accord avec tous les partis, qui permettrait de tenir des objectifs à long terme, dépassant les mandats électoraux autrement que par la mise en place de facteurs structurels.

Pour les citoyens

Pour le simple citoyen, plein de choses concrètes peuvent aussi être entreprises. Certaines sont simples et accessibles, d'autres demandent un investissement et un effort plus conséquents.

Je reste persuadé que c'est à travers ce genre de choix, malgré tout, que les citoyens des pays démocratiques peuvent le mieux prendre soin de leurs institutions, directement et indirectement, et assainir le débat public progressivement, collectivement et dans la durée. Rien n'est en soi très nouveau dans ce que je vais énoncer ici. Aussi, vous me pardonnerez si je semble enfoncer des portes ouvertes.

Développer son esprit critique et ne pas se laisser manipuler. L'esprit critique, évidemment, est une compétence qui s'élabore sur un temps long. C'est d'abord un ensemble de capacités de raisonnement logique, rationnel. C'est un entraînement de notre cerveau à jongler avec des concepts, à être précis, à faire des liens, à comprendre les interactions entre les choses. L'esprit critique, aussi, est dépendant de notre capacité à réfléchir aux sujets posément, calmement, sans se laisser emporter par les rumeurs, l'opinion d'autrui, les pressions sociales. Et c'est évidemment bien plus que de simplement réagir de manière épidermique à un discours qui nous déplaît pour embrasser un discours qui nous dérange moins, qui nous affranchit de nos responsabilités ou qui nous caresse dans le sens du poil. De savoir bien penser est, finalement, un entraînement qui consiste à éviter les spéculations, à rechercher honnêtement à déconstruire ses propres raisonnements ou conclusions, à se forger une méthode de réflexion et d'analyse, etc. Et, comme toute discipline, la pensée et l'esprit critiques sont des compétences qui peuvent toujours être améliorées, entraînées, affinées. Et les débats ouverts, respectueux et constructifs peuvent en découler.

De nos jours, beaucoup de gens participent aux débats – sur les réseaux ou dans leur cercle privé – non pas pour entendre le point de vue des autres, mais bien pour leur répondre et avoir raison, ou faire changer leur adversaire d'idée. En partant, au contraire, du principe qu'en écoutant l'autre, on apprend souvent des choses, on fait paradoxalement davantage pour élever le débat, dans le but de s'enrichir intellectuellement, qu'en s'exprimant coûte que coûte. Écouter ne veut pas dire abdiquer. Laisser parler ne veut pas dire cautionner. Et bien souvent, même au milieu d'une avalanche d'arguments médiocres, une bonne idée peut se cacher. Un point de vue intéressant peut nous surprendre.

Restons non pas ouverts, mais « semi-fermés » les uns aux autres. Ce sera déjà un net progrès.

Privilégier des contenus médiatiques de qualité. Car, qu'on le veuille ou non, c'est notre fréquentation et nos abonnements qui financent les médias. Quels qu'ils soient. Et ce principe est valable également pour les réseaux sociaux. Par « contenus de qualité », ici, j'entends surtout des contenus issus de médias qui annoncent clairement leurs objectifs, leurs modes de financement, et leur politique éditoriale. Et qui s'y tiennent réellement. Un média qui sait ainsi se rendre repérable, finalement, permet aux lecteurs et aux auditeurs de calibrer leurs filtres en sachant quels pourront être les biais qu'on leur proposera. C'est une démarche d'honnêteté intellectuelle de base qui, en soi, mérite à mon sens d'être encouragée. Pour le reste, je crois profondément dans la diversité des points de vue et des approches. Et je ne m'aventurerai donc pas plus loin dans la définition de ce qu'est un média de qualité (même si j'ai évidemment mon opinion sur la question). Chacun, en prenant simplement soin de sa manière de sélectionner ce qu'il met dans sa tête aussi bien que ce qu'il accepte de manger pourra choisir ce qui lui convient, selon ses critères propres. Et c'est aussi cette diversité des centres d'intérêts qui pourra garantir la survie de différentes offres médiatiques, et donc d'une diversité de points de vue dans la société et le débat public.

Réviser son implication et ses attentes pour ce qui est de la vie de la cité. John F. Kennedy, lors de son premier discours en tant que président des USA, disait « *Ne demandez pas ce que les États-Unis peuvent faire pour vous. Demandez-vous ce que vous pouvez faire pour la liberté de l'humanité.* » Ce faisant, il mettait en avant cette valeur fondamentale de liberté, évidemment, qui unissait alors encore beaucoup d'Américains. Il en appelait à l'implication de ses concitoyens dans ce projet commun. Mais tous ne l'ont pas suivi, et ses opposants étaient multiples. Je ne m'appesantirai pas sur les détails de son action ou de ses erreurs, ni sur sa fin tragique. Je cite simplement cet exemple pour souligner cette notion d'implication, dans un projet collectif, dans une idée, dans des valeurs. Implication qu'il est intéressant de comparer aux attentes, quand on veut mesurer le degré de motivation des individus – quel que soit le projet. Aussi, je vous propose de mesurer, pour vous-mêmes, quelles sont vos attentes envers la République, envers les services de l'État, envers vos élus. Prenez le temps d'y réfléchir. Prenez le temps d'imaginer tout ce qui pourrait vous faire râler, vous décevoir si ça ne fonctionnait pas. Prenez le temps évidemment aussi de voir tout ce qui ne fonctionne pas actuellement, selon vous. Peut-être même serait-il intéressant de prendre un temps pour coucher sur le papier toutes ces attentes. Tout ce que vous trouvez ou trouveriez normal. Et ensuite, prenez un temps pour lister toutes vos implications, personnelles et professionnelles, dans la vie de la cité. Vous y listerez évidemment votre respect des lois, vos contributions financières en termes d'impôts, de taxes, etc. Vous pourrez y placer le bénévolat que vous faites, ou simplement les services que vous rendez à vos proches. Votre implication politique, humanitaire, ou autre. Toutes ces petites choses que vous faites en ayant l'impression que c'est normal. Toutes ces choses, aussi, qui vous demandent un effort. Vous aurez ainsi une idée précise de votre niveau d'implication personnel pour l'intérêt général, que vous pourrez comparer, si vous le souhaitez, avec vos attentes.

Mon but n'est absolument pas que vous vous flagelliez ou que vous vous sentiez mal, ni de vous envoyer des roses si vous découvrez que votre implication est grande, et que vos attentes sont petites. Non. Mon but ici est que vous preniez simplement un temps pour avoir conscience de là où vous vous situez, sans jugement aucun. Et vous pourrez ainsi, si vous le souhaitez, réajuster sciemment vos attentes ou votre implication à la hausse ou à la baisse, en fonction de vos valeurs et de vos élans et disponibilités du moment.

Imaginer des solutions et œuvrer, dans le cadre légal, pour les réaliser. Pour illustrer ce point, je vais vous raconter une petite anecdote. J'étais, un soir, devant le dojo de ma petite ville, attendant mon tour pour un entraînement de judo. Il pleuvait abondamment, et quelques camarades d'entraînement attendaient agglutinés sous le petit bout de toit qui se trouvait devant la porte d'entrée. Or, le parking étant en pente douce et le pas de la porte légèrement creusé, une flaque d'eau d'environ deux centimètres y stagnait. Aussi, mes camarades d'entraînement étaient protégés de la pluie, mais avaient les pieds dans l'eau. Et ils pestaient contre la mairie. « *C'est pas possible, ils pourrait pas arranger ça ? Deux pelletées de gravier, c'est au-dessus de leurs moyens ?* » Or, à trois mètres de là, littéralement, se trouvait un petit tas de gravier. Reliquat du chantier de l'aire de jeu, en face. J'ai donc mis mes gants pour ne pas me salir les mains, et j'ai commencé à récupérer du gravier, que j'ai déposé devant les pieds de mes amis. Sans rien dire. Se regardant, un peu surpris, tous ont rigolé et quelques-uns m'ont emboîté le pas. En 45 secondes, la flaque d'eau était sous le niveau de gravier, et tout le monde avait les pieds au sec. Ce petit exemple, un peu caricatural tellement la solution était flagrante, me sert désormais souvent quand je parle de solutions simples à mettre en place à l'échelle individuelle, pour le bien commun. Ces petits gestes d'entraide, ces petites améliorations qu'on peut apporter à la vie ordinaire sont déjà des gestes qui peuvent littéralement changer la vie et l'ambiance de tous, pour peu qu'une proportion suffisante de gens décide de jouer le jeu. Deux obstacles principaux à cela sont généralement évoqués : le fait que c'est le rôle des services publics de faire ce genre de choses, d'une part. Et le fait que ce genre d'action est sans arrêt à recommencer, parce que le civisme des gens n'est plus ce qu'il était. C'est peut-être vrai. Il est peut-être question ici d'essayer de creuser un trou dans l'eau. Pourtant une chose est certaine : en rendant ce genre de petits services à la communauté, de bon cœur, on se sent bien. Égoïstement.

On peut, évidemment, chercher aussi des manières de s'engager plus largement. Que ce soit par l'entremise du bénévolat, des pompiers volontaires, de la réserve militaire, de la création d'entreprise ayant une vision citoyenne et éthique, pensant à long terme. Peu importe. Chacun sait, au fond, ce qu'il a envie ou pas d'apporter à la communauté, à sa ville, à sa région, à son pays. Ou à ses proches, sa famille, ses amis, etc.

Tout cela peut sembler un peu « boy scout » et naïf, pourtant, ça a fait ses preuves depuis le début de l'humanité. Et ce service public informel, cette posture de base des citoyens, tournée vers le collectif, fait la différence. Et donne l'exemple aux générations suivantes. Car nos enfants ne nous écoutent pas. Ils nous imitent.

Penser à long terme. Parce que seul le long terme compte. Dans certaines nations amérindiennes, la tradition veut qu'on réfléchisse chacun de ses actes à l'aune des sept générations qui devront en faire les frais, ou en profiter. Selon. Penser à long terme permet de faire des choix plus réfléchis, plus stratégiques. Plus conscients de leurs effets prévisibles ou imprévisibles. Et si chaque citoyen se met à penser ainsi à long terme, une offre politique tenant compte de ce genre de préoccupation pourra émerger plus facilement, à terme. C'est d'ailleurs en train, me semble-t-il, de poindre. Et j'ai hâte de voir ce que l'avenir nous réserve de ce côté-là.

Embrasser la complexité des choses. Ne pas partager un article en ne lisant que son titre « putaclic ». Aller au moins le lire. Et vérifier ses sources. Creuser un peu les informations qu'on nous propose. Questionner les évidences et le prêt-à-penser. Et donc, par là même, faire usage de son esprit critique. L'utiliser pour percer le brouillard et le flou, et les contenus bêtes qui nous sont proposés, si nous nous laissons faire. La réalité est souvent bien plus complexe que ce qu'on peut résumer dans les trois lignes d'une brève, ou sur les nouvelles en continu et instantanées de trop de chaînes « d'information ». Pour cette raison, personnellement, je me détourne des réseaux et des médias et je lis de plus en plus de livres. Et j'écoute de plus en plus de livres audio et de podcasts longs, fouillés, bien documentés.

Ils occupent avantageusement les temps de disponibilité intellectuelle que j'ai quand je suis en déplacement, dans le train, en avion, en voiture. Et ils nourrissent ma banque de données avec des nuances indispensables pour ne pas tomber dans les pièges de la facilité et de la médiocrité intellectuelle qui me guettent en permanence.

Corriger ou porter plus loin ce début de réflexion. J'admets bien volontiers toutes les limites de ce petit essai sans grande prétention, un rien utopique et manquant fort probablement de culture politique comme de recul pour être totalement pertinent. Prenez-y ce qui vous semble utile ou intéressant, et faites-en quelque chose. Intellectuellement ou concrètement. Et jetez le reste.